Matthias Menic

Einfluss struktureller Nachfrageänderungen auf optimale Standorte von Rettungswachen

Bachelor + Master
Publishing

Menic, Matthias: Einfluss struktureller Nachfrageänderungen auf optimale Standorte von Rettungswachen, Hamburg, Diplomica Verlag GmbH 2013
Originaltitel der Abschlussarbeit: Einfluss struktureller Nachfrageänderungen auf optimale Standorte von Rettungswachen

ISBN: 978-3-95549-039-3
Druck: Bachelor + Master Publishing, ein Imprint der Diplomica® Verlag GmbH, Hamburg, 2013
Zugl. Ruhr-Universität Bochum, Bochum, Deutschland, Bachelorarbeit, Juli 2012

Bibliografische Information der Deutschen Nationalbibliothek:
Die Deutsche Nationalbibliothek verzeichnet diese Publikation in der Deutschen Nationalbibliografie; detaillierte bibliografische Daten sind im Internet über http://dnb.d-nb.de abrufbar.

Die digitale Ausgabe (eBook-Ausgabe) dieses Titels trägt die ISBN 978-3-95549-539-8 und kann über den Handel oder den Verlag bezogen werden.

Inhaltsverzeichnis

Abbildungsverzeichnis

Tabellenverzeichnis

Abkürzungsverzeichnis

ET	-	Entscheidungsträger
EMS	-	Emergency Medical System
L.A.	-	Los Angeles
SCLP	-	Set Covering Location Problem
MCLP	-	Maximum Covering Location Problem
MEXCLP	-	Maximum Expected Covering Location Problem
CMCLP	-	Capacitated Maximum Covering Location Problem
MCMCLP-NFC	-	Modular Capacitated Maximum Covering Location Problem with a Non Facility Contraint
MCMCLP-FC	-	Modular Capacitated Maximum Covering Location Problem with a Facility Contraint
MOFLO	-	Multiobjective Facility Loacation Problems

1. Einleitung

Die Wahl eines optimalen Standortes ist ein elementarer Bestandteil des Rettungswesens, um die Versorgung der Bevölkerung zu gewährleisten. Diese Bachelorarbeit zeigt wie optimale Standorte von Rettungswachen auf Nachfrageschwankungen reagieren und was für Maßnahmen ergriffen werden müssen, um weiterhin eine Versorgung zu garantieren.

Zunächst soll das Problem der Standortplanung im Rettungswesen näher untersucht werden, um darzustellen mit welchen Umweltzuständen der Entscheidungsträger konfrontiert wird und welche Informationen ihm zur Verfügung stehen.
Aus strategischer Sicht erfordert der demographische Wandel sowohl stetige Anpassungen der Ressourcen als auch deren Aufstockung. Dies kann nur erfolgen, wenn ausreichend Informationen über die Bedarfe der Bevölkerung gegeben sind. Die Erstellung einer Nachfrageprognose, welches u.a. Thema des zweiten Kapitels ist, erhöht den Servicegrad und die Flexibilität einer Rettungswache. Durch eine Nachfrageprognose ändert sich damit die Erwartungshaltung und im Notfall können schnell lebensrettende Maßnahmen ergriffen werden, da ausreichend Kapazitäten und Ressourcen in den Rettungswachen vorhanden sind.

Im dritten Kapitel wird zuerst untersucht werden, welche mathematischen Modelle hinsichtlich Standortbestimmungen von Rettungswachen in der Vergangenheit zur Entscheidungsfindung beigetragen haben. Einhergehend wird ein Modell der Gegenwart vorgestellt, das verschiedene Aspekte vergangener Modelle beinhält und besonderen Fokus auf die Nachfrage und dessen Maximierung legt. Anhand dieses Modells werden die Rettungswachen Bochums auf ihre Optimalität und ihre Sensitivität hinsichtlich verschiedener Nachfrageschwankungen überprüft.

Bereichert durch die gewonnenen Ergebnisse, widmet sich das vierte Kapitel einer kritischen Würdigung des Modells. Zudem werden weitere Anregungen und Verbesserungsvorschläge präsentiert.
Abgerundet wird diese Bachelorarbeit mit einem Fazit und einem Ausblick auf zukünftige Entwicklungen im Bereich der Standortplanung im Rettungswesen.

2. Standortplanung im Fokus der Nachfrage

Unter gesamtbetriebswirtschaftlichem Gesichtspunkt sind Standortplanungen bedeutend für den weiteren Verlauf einer Unternehmung. Ist der gewählte Standort nicht optimal, kann dies den Untergang einer Unternehmung bedeuten, da hoher Kapital- und Investitionsaufwand eine langfristige Bindung am Standort bedeutet. Zwar ist der Investitionsaufwand für einen Standort im Bereich des Rettungswesens auch hoch, jedoch stehen andere Aspekte wie die Versorgung der Bevölkerung im Vordergrund. Im Folgenden wird aufgezeigt, welche Eigenschaften eine Standortbestimmung im Rettungswesen mit sich bringt. Da in dieser Arbeit die Nachfrage nach medizinischer Versorgung im Vordergrund steht, soll weiterhin erörtert werden, wie Nachfrage zu definieren ist, wie sie entsteht und wie sie sich prognostizieren lässt.

2.1. Skizzierung von Eigenschaften der Standortplanung von Rettungswachen

Die zentrale Aufgabe des Rettungswesens besteht darin, die Bevölkerung bei Bedarf innerhalb kürzester Zeit zu versorgen bzw. zur Verfügung zu stehen, unabhängig davon ob es sich dabei um Polizei-, Feuerwehr- oder medizinische Notfalleinsätze handelt. Es bestehen unterschiedliche Annahmen und Verhaltensweisen zwischen diesen Einrichtungen, so dass im Folgenden der Fokus ausschließlich auf Rettungswachen zur medizinischen Versorgung gelegt wird.[1]

Da Einsatzkräfte zur effektiven Zielerreichung einen gewissen Zeithorizont in Betrachtung ziehen müssen, wird diesen Einrichtungen ein bestimmter Wirkungsbereich unterstellt. Dieser Wirkungsbereich determiniert sich durch die Fahrzeit, die der Einsatzhelfer mit seinem Fahrzeug braucht, um von der Wache an den Einsatzort zu gelangen. Damit sowohl ein gewisser gleichwertiger Standard für die Bevölkerung gewährleistet als auch die Planung von Rettungswachen vereinfacht wird, setzt jedes Land, aufgrund seiner topographischen Lage und individuellen Eigenschaft, eigene Richtlinien fest, wann ein Rettungsdienst am Einsatzort spätestens einzutreffen hat. Die USA zum Beispiel hat 1973 den „United States Emergency Medical Services Act" erlassen. Das Gesetz besagt, dass 95% der Notfälle in urbanen Gebieten in 10 Minuten und in peripheren Stadtgebieten in 30 Minuten erreicht werden sollten.[2] Um eine Standortplanung bzgl. Rettungseinrichtungen zu erstel-

---

[1] Vgl. Brotcorne/ Laporte/ Semet (2003), S. 453.
[2] Vgl. Ball/ Lin (1993), S. 22.

len, sollte der Planer bzw. der Entscheidungsträger vorerst seine Zielvorstellungen definieren. Muss er/ sie ein bestimmtes Budget unbedingt einhalten und sollen somit die Kosten so niedrig wie möglich gehalten werden, empfiehlt es sich eine Minimierung der Wachen anzustreben, um damit der Bevölkerung eine Grundversorgung zur Verfügung zu stellen.[3] Allerdings ist es im Bereich des Rettungswesens sinnvoller sich nach den Bedürfnissen der Bevölkerung zu richten und die Versorgung dieser zu maximieren.[4] Zudem entstehen auch in diesem Lösungsweg durch eine optimale Zuteilung der Nachfragegebiete zu den Rettungswachen Kostenersparnisse. Denn die Größe und Ausstattung einer Wache richtet sich nach der ihr zugeteilten Nachfragern, so dass durch eine verbesserte Erwartungshaltung Leerkapazitäten vermieden und wertvolle Ressourcen ausgeschöpft werden können.

Zur Verbesserung der Versorgungsqualität und zur Erhöhung des Servicegrads, werden in einigen Fällen Gebiete sogar mehrfach abgedeckt, um die Versorgung weiterhin gewährleisten zu können, wenn eine der Einrichtungen den Notruf aufgrund von Überlastung nicht bedienen kann.[5] Ferner erweitern stochastische Lösungsansätze den Grad an Realismus. Denn nicht nur Fahrzeiten, sondern auch die Verfügbarkeit von Fahrzeugen ist in der realen Welt unsicher und keinesfalls deterministisch.[6] Zwar gehört die Höhe der Nachfrage auch zu einem unsicheren Umwelteinfluss, allerdings gibt es Wege diese mit mathematischen Modellen zu prognostizieren, um dadurch mehr an Planungssicherheit zu gewinnen.

2.2. Erstellung einer Nachfrageprognose

Der medizinische Bedarf einer Bevölkerung ist ausschlaggebend für das Ergebnis von Standortplanungen für Rettungswachen. Damit optimale Standorte gefunden und deren Ressourcenausstattung bestimmt werden können, ist es unabdinglich, dass Informationen über die Anzahl der Nachfrageregionen und deren Höhe vorliegt. Eine Nachfrageanalyse verfolgt zum einen den Zweck sozioökonomische Variablen zu finden, die einen signifikanten Einfluss auf den Bedarf haben (Kapitel 2.2.1.), zum anderen soll dadurch die zukünftige medizinische Nachfrage bestimmt werden (Kapitel 2.2.2.). Im Folgenden werden drei Autoren vorgestellt, die die Methode der multiplen linearen Regressionsanalyse verwenden, um dieses Ziel zu erreichen.

---

[3] Vgl. Chrissis (1980), S. 64.
[4] Vgl. Schilling/ Revelle/ Cohon/ Elzinga (1980), S. 1.
[5] Vgl. Pirkul/ Schilling (1989), S. 141.
[6] Vgl. Brotcorne/ Laporte/ Semet (2003), S. 454ff.

2.2.1. Umwelteinflüsse auf den Bedarf nach medizinischer Versorgung

Aldrich, Hisserich und Lave (1971) setzen sich in ihrer Arbeit das Ziel anhand von Los Angeles die Entstehung und die Art des Bedarfs für die entsprechende Versorgung zu prognostizieren. Sie zeigen auf, welche Faktoren und Umwelteinflüsse dazu beitragen, dass eine Nachfrage nach medizinischer Versorgung entsteht.

Sie unterstellen einen linearen Zusammenhang zwischen der Nachfrage und 31 ausgewählten Variablen, deren Koeffizienten mit der Methode der kleinsten Quadrate geschätzt werden. Das Modell besteht größtenteils aus sozioökonomischen Variablen, die, in Relation zur der betrachtenden Gesamtbevölkerung, u.a. den Familienstatus, das Geschlecht, die Ethnie, den Berufsstand und das Alter widerspiegeln. Hier sei angemerkt, dass die Ethnie in der Tat eine große Rolle spielt, da die Bevölkerung in L.A. diesbezüglich sehr heterogen ist und manche Stadtgebiete eine sehr hohe Migrationsquote aufweisen. Weitere Variablen unterteilen ferner die Flächennutzung der Stadt in Gewerbe-, Industrie-, Wohngebiet und verkehrsinfrastrukturelle Fläche. Zudem wird der Qualitätsstandard einer Rettungswache an der Ankunftszeit am Einsatzort gemessen, da angenommen wird, dass ein schlechter Qualitätsstandard die Menschen dazu bewegt selber ins Krankenhaus zu fahren anstatt das Risiko eines verspäteten Eintreffens des Krankenwagens am Notfallort einzugehen und dadurch die Beanspruchung von Rettungsfahrzeugen zurückgehen würde. Es soll damit also auch implizit die Frage geklärt werden, wie die Nachfrage Bevölkerung auf den derzeitigen Stand der öffentlichen medizinischen Versorgung reagiert. Die Autoren differenzieren zwischen unterschiedlichen Notruftypen und analysieren, welche der 31 Variablen die Nachfrage in der jeweiligen Kategorie ab-oder ansteigen lässt.

Das Ergebnis des Modells besagt, dass rurale Nachfrage hauptsächlich durch schwere Verkehrsunfälle auf Autobahnen oder Landstraßen entsteht. Urbane Nachfrage kann durch eine Flächennutzung differenziert werden. Zunächst ist zu erkennen, dass bei einem hohen Menschenaufkommen, wie es auf innerstädtische Gewerbe-und Geschäftsviertel zutrifft, das Unfallrisiko steigt. Die Nachfrage in diesen hochdynamischen Gebieten wird überwiegend von den dort arbeitenden Menschen beeinflusst. Bedingt durch ein hohes Verkehrsaufkommen werden Fußgänger und Radfahrer häufig durch Autos verletzt, allerdings sind die Verletzungen aufgrund der niedrigen innerörtlichen Geschwindigkeit nicht so gravierend. Das Unfallrisiko in industriellen Regionen fällt verhältnismäßig niedrig aus. Ein hoher Sicherheitsstandard und betriebliche Ärzte sorgen dafür, dass nur wenige Unfallopfer einen Rettungswagen brauchen. Die Nachfrage in Wohngebieten der Mittel-und Oberschicht setzt sich vorwiegend aus häuslichen Unfällen zusammen. Besonders Kinder haben einen signifikannten Einfluss auf die Nachfrage, da sie oft durch Stürzte und Vergiftungen notärztliche Versorgung benötigen. Aber auch die ältere Bevölkerung über 65 Jahre verzeichnet einen Anstieg durch ähnliche Unfälle. Der Einsatz von Rettungsfahrzeugen ist jedoch eher bei älteren Personen zu erwarten, während Kinder oft von ihren Eltern ins Krankenhaus gefahren werden.

Die Slums von L.A. dagegen sind unter den Wohngebieten ein Ausnahmefall und sozio-ökonomische Variablen wie niedriges Einkommen, Arbeitslosigkeit und Ethnie positiveren den Einfluss auf den Bedarf. Zudem befeuert eine hohe Kriminalitätsrate die notärztliche Einsatzrate aufgrund von gewalttätigen Auseinandersetzungen. Unter sozioökonomischer Betrachtung lässt das Modell weitere Schlüsse zu:

Anhand der Geschlechtertrennung lässt sich die Risikobereitschaft von Männern demonstrieren, da diese weitaus mehr Notrufe verursachen als Frauen. Das Modell zeigt, je mehr Männer in einem Betrieb beschäftigt sind, desto höher ist die generierte Nachfrage. Zudem ist das Risiko einen Herzinfarkt zu erleiden, bei berufstätigen Männern höher als beim anderen Geschlecht. Dabei spielt die Wahl des Berufes allerdings keine Rolle. Die Berufstätigkeit hat also stressbedingt einen negativen Einfluss auf die menschliche Gesundheit, was neben den Verkehrsunfällen der Grund für den hohen Bedarf im Stadtkern ist. Weiterhin hat nicht nur das Geschlecht einer Person Einfluss auf das Ergebnis, sondern auch der Familienstand. So verhält es sich, dass ledige Männer öfters notärztlichen Beistand brauchen als ledige Frauen und Ehepaare, während ledige Frauen den niedrigsten Bedarf haben.

Das Modell lässt damit den Schluss zu, dass der Stadtkern Nachfrageschwerpunkt von Los Angeles ist. Dieses Prinzip lässt sich auch auf andere Städte mit gleicher Grundstruktur übertragen, da Stadtkerne allgemein eine hohe Bevölkerungs- und Verkehrsdichte besitzen. Die Versorgung von Wohngebieten muss differenziert betrachtet werden. Besondere Zuwendung von öffentlichen medizinischen Einrichtungen brauchen sowohl Gebiete mit einer hohen Altersstruktur als auch mit einer Vielzahl von Niedriglohnhaushalten.[7]

2.2.2. Verfahren zur Prognose von Nachfrage

Vier Jahre später hat Siler (1975) die Nachfrage nach medizinischer Versorgung in derselben Stadt untersucht. Er benutzt die Methode der schrittweisen multiplen Regressionsanalyse und unterstellt einen nicht-linearen Zusammenhang zwischen der Nachfrage,

---

[7] Vgl. Aldrich/ Hisserich/ Lave (1971), S. 1158ff.

dem Wohnsitz und der Erwerbstätigkeit. Sein Modell besteht im Gegensatz zu Aldrich's aus nur vier Variablen, die gänzlich sozioökonomischer Natur sind.

Das Ergebnis besagt, dass je höher die Arbeitsplatzdichte in einem Gebiet wie Industrie- oder Gewerbegebiet ist, desto höher ist die Nachfrage der dort arbeitenden Bevölkerung. Satellitenstädte wie Alhambra weisen eine niedrige Arbeitsplatzdichte auf. Daher bestimmt sich die Nachfrage hauptsächlich durch die dort wohnansässige Bevölkerung und nicht durch die arbeitende Bevölkerung und ist erwartungsgemäß niedriger.

Eine weitere Signifikanz bestätigt Aldrichs Prognose in Bezug auf den Familienstatus. Auch hier weisen allein stehende Personen einen höheren Bedarf auf als Ehepaare. Damit einhergehend wird impliziert, dass die Nachfrage steigt, je weniger Personen in einer Wohnung oder einem Haus wohnen. Eine weitere Variabel impliziert eine anwachsende Nachfrage, je größer der Anteil weiblicher Arbeiter in Relation zu weiblichen Angestellten ist. Beim anderen Geschlecht verhält es sich allerdings genauso und lässt damit keine geschlechtsspezifische Nachfrage, wie es Aldrich prognostiziert hat, zu, sondern eine Arbeitsbedingte.

Abschließend präsentiert Siler für das Jahr 1973 eine Nachfrageprognose für insgesamt 81 Gemeinden in Los Angeles und vergleicht diese Zahlen mit den tatsächlich gemeldeten Notfällen, die einen Krankenwagen erforderten. Nicht nur ein hohes Bestimmtheitsmaß R^2 von 92,1%, sondern auch eine geringe Abweichung des tatsächlichen Gesamtwertes zum Geschätzten (3,12%), sprechen für die Genauigkeit des Modells.[8] Allerdings wird hier auch nur eine Periode betrachtet, so dass das Modell eventuell seine Aussagekraft verlieren könnte, wenn weitere Jahre betrachtet würden.

Cadigan und Bugarin (1989) versuchen anhand der Methode der linearen Regressionsana- lyse eine medizinische Nachfrage für Massachusetts vorherzusagen. Cadigan und Bugarin unterteilen die Nachfrage in drei Arten von eingehenden Notrufen: Zunächst wird die allgemeine Nachfrage definiert. Diese setzt sich aus allen eingehenden Anrufen zusammen und beinhaltet auch Notfälle, die nicht zwingend in einem Krankentransport enden. Die zweite Art der Nachfrage befasst sich nur mit tatsächlichen Krankentransporten. Die dritte Stufe der Unterteilung ist die potentielle regionale Nachfrage, die in den meisten Fällen nicht bekannt ist und hier daher ignoriert wird. Das Modell inkludiert insgesamt fünf abhängige Variablen: die Bevölkerungsgröße, der relative Anteil der über 65 Jährigen, das

---

[8] Vgl. Siler (1975), S. 255ff.

durchschnittliche Einkommen, der relative Bevölkerungsanteil, der unter der Armutsgrenze lebt, und die Meilen der Highways.

Untersucht wurden nur Gemeinden und Städte Massachusetts', die die Einwohnerzahl von 65000 nicht überschreiten. Die Befürchtung liegt nahe, dass die vorhandenen Variablen entweder nicht ausreichen oder andere Charakteristika vorweisen würden, da abhängig von der Größe der Stadt noch mehr Umwelteinflüsse zu beachten wären wie zum Beispiel ein größeres Industriegelände und Berufspendlerverkehr. Daher müsste das Modell erweitert werden, um eine Prognose für größere Städte zu wagen.

Südöstlich des Bundesstaates Massachusetts liegt eine Halbinsel namens Cape Cod, die zugleich eine Besonderheit in dieser Regressionsanalyse darstellt. Aufgrund der Tatsache, dass dieser Ort hauptsächlich von Touristen besucht wird, wird das Ergebnis durch die Hinzunahmen der Daten dieser Personen möglicherweise verfälscht, da sie nicht den sozioökonomischen Querschnitt der lokalen Bevölkerung widerspiegeln. Darum wurde eine Dummy Variable eingeführt, die eine 1 für die Gemeinden auf dem Cape Cod annimmt und eine 0 für alle anderen Gemeinden bis 65000 Einwohner. Vier von fünf Variablen erweisen sich als statistisch signifikant und haben Einfluss auf die Nachfrage. Lediglich die Highway Meilen lassen die Nachfrage nicht schwanken.

Cadigans und Bugarins Ergebnis sind zwei lineare Regressionsfunktionen, die abhängig von der Bevölkerungszahl zum einen die allgemeine Notrufe zum anderen die transportbedingte Notrufe bestimmen kann. Die geschätzten Werte zeigen, dass die einkommensschwächere Bevölkerung mehr zu Nachfrage beitragen als Einkommensstarke und unterstützen damit Aldrichs Vermutung.[9] Durch diese Formel lassen sich zwar die medizinischen Bedarfe vorhersagen. Allerdings wird vorerst eine Schätzung der Bevölkerungszahl für die Perioden $t=0...T$ benötigt. Zudem ist dieses Modell nicht wirklich dynamisch, da die geschätzten Koeffizienten statisch sind und die Werte keinen periodischen Schwankungen unterliegen.

Bei einem Vergleich der drei Lösungsansätze zur Bestimmung von Nachfrage im Rettungswesen fällt folgendes auf:

Aldrich's Modell zeigt auf wie Nachfrage entsteht und welche Variablen wie miteinander korrelieren, um signifikanten Einfluss auf die Nachfrage zu haben. Das Modell liefert gute Tendenzen in welchen Bereichen einer Stadt hohe Nachfrage zu erwarten ist und was die Ursachen dafür sind. Konkrete Schätzwerte über die voraussichtliche Höhe der Nachfrage

---

[9] Vgl. Cadigan/ Bugarin (1989), S. 619ff.

in einer bestimmten Periode liegen jedoch nicht vor. Siler hingegen konnte mit seiner Methode direkt den Bedarf der 81 Gemeinden von L.A. bestimmen und das mit wesentlich weniger Variablen als Aldrich. Der Autor ist zwar von der Voraussagekraft seines Modells überzeugt, bemängelt jedoch, dass das Modell außerhalb von L.A. nicht anwendbar sei, da es zu spezifisch auf diese Stadt zugeschnitten ist. Cadigans und Bugarins Modell ist durch die Bevölkerungsgrenze von 65000 zwar sehr limitiert und verliert bei größeren Städten seine Aussagekraft, differenziert jedoch die Nachfrage transportbedingt und trägt damit zu einer besseren Erwartungshaltung bzgl. der Anzahl der zu stationierenden Rettungswagen bei. Hinsichtlich der Auswahl der Variablen ist dieses Modell sehr allgemein gehalten und könnte bezüglich der Nachfrage von Auswärtigen wie Touristen, die das Cape Cod besuchen, verbessert werden.

Die Lösungsansätze haben gezeigt, dass Nachfrage besonders in Gebieten mit hoher Bevölkerungsdichte entsteht. Allerdings ist zu differenzieren, ob diese Bevölkerungsdichte innerhalb eines Wohngebietes oder im Gewerbe-und Geschäftsviertel zu finden ist, da tendenziell Letzteres eine höhere Nachfrage aus den oben genannten Gründen generiert. Weiterhin wurde die Erwartung bestätigt, dass sowohl soziale Brennpunkte einer Stadt als auch Regionen mit einer hohen Altersstruktur abhängig sind vom öffentlichen Versorgungssystem. Problematisch bei der Berechnung einer Nachfrageprognose sind allerdings Touristengebiete, so dass die Vorhersage differenziert betrachtet werden muss, wie es Cadigan und Bugarin (1989) getan haben.

3. Quantitative Modelle zur Befriedigung von Nachfrage

Im Folgenden werden mathematische Modelle zur optimalen Standortbestimmung von Rettungswachen vorgestellt, die über die letzten 40 Jahre entwickelt worden sind. Der Fokus hierbei liegt besonders auf Modelle, welche sich mit der Maximierung der abzudeckenden Nachfrage beschäftigen. Anschließend wird ein mathematisches Modell Yin und Mu (2012) ausführlich beschrieben und erklärt, dass durch eine optimale Disposition von Einsatzfahrzeugen für eine maximale Versorgung der Bevölkerung sorgt. Das Modell soll anhand der Stadt Bochum die Optimalität der Standorte von Rettungswachen überprüfen und anschließend zeigen, wie sich Nachfrageschwankungen auf die Standorte auswirken.

3.1. Entwicklung mathematischer Modelle zur Befriedigung von Nachfrage

Die Anfänge der Standortoptimierung von Rettungswachen gehen von Toregas, Swain, ReVelle und Bergman (1971) aus. Mit ihrem Set Covering Location Problem (SCLP) haben sie ein Modell entwickelt, dass die Anzahl der Rettungswachen minimiert und zugleich für die Versorgung der Nachfrager garantiert. Dabei gehen sie von der Bedingung aus, dass eine Wache nur diejenigen Bedarfspunkte versorgt, die innerhalb eines maximalen Zeitraums oder einer maximalen Distanz mit einem Einsatzfahrzeug zu erreichen sind.[10] Das SCLP Modell kann allerdings nicht verwendet werden, um die Sensibilität von Rettungswachen hinsichtlich der Nachfrage zu untersuchen, da es die Größe und Dichte der Bevölkerung an Nachfragepunkten gänzlich ignoriert. Daher eignet sich dieses Modell besonders gut, wenn der Entscheidungsträger vor allem den Kostenaspekt berücksichtigen möchte. Die Autoren der folgenden Modelle haben diesen Ansatz zur Festsetzung des Qualitätsstandards einer Rettungswache beibehalten.

Church und ReVelle (1974) haben sich dafür entschieden, die Bevölkerung und damit die Nachfrage explizit in einem Modell abzubilden. Das Maximum Covering Location Problem (MCLP) maximiert daher die Abdeckung der Nachfrage unter der Bedingung, dass jeder Nachfragepunkt mindestens einer Rettungswache zugeteilt wird. Da das Ziel nun nicht mehr darin besteht die Anzahl der Wachen zu minimieren, muss die Anzahl der

---

[10] Vgl. Toregas/ Swain/ ReVelle/ Bergman (1971), S. 1365.

Rettungswachen, die eröffnet werden sollen, vorher festgesetzt werden, um den Kostenfaktor zu berücksichtigen.[11]

Die beiden bisher vorgestellten Modelle gehen von nur einem Umweltzustand aus. Das heißt, die Informationen sind mit Sicherheit bekannt, so dass es sich hierbei um deterministische Modelle handelt. Die reale Welt widerspricht dem Grundsatz vollkommener Sicherheit bzgl. der zugrunde liegenden Informationen. Darum hat Daskin M. (1983) das MCLP-Modell im stochastischen Sinne hinsichtlich der Nachfrage erweitert.[12] Ziel des MEXCLP - Modells ist es, die Abdeckung der Nachfrage, die erwartet wird, wenn eine bestimmte Anzahl von Fahrzeugen aufgrund eines anderen Einsatzes nicht zur Verfügung steht, zu maximieren. Das bedeutet, je mehr Fahrzeuge mit einer Wahrscheinlichkeit p zur Verfügung stehen, desto mehr Menschen können versorgt werden.[13] Das MEXCLP – Modell eröffnet an den optimalen Standorten Rettungswachen und teilt ihnen Einsatzfahrzeuge zu. Die Gesamtzahl an Fahrzeugen richtet sich dabei nach der Bevölkerungsgröße und nach Höhe der angenommenen Einsatzwahrscheinlichkeit.

Zwar ist dieses Modell stochastisch, dennoch lässt es einen Rückschluss auf die Kapazität der Rettungswache vermissen. Um die Kapazität einer Rettungswache für eine bestimmte Region zu berücksichtigen, haben Pirkul und Schilling (1991) das CMCLP entwickelt. Jeder Rettungswache werden solange Nachfragepunkte zugeteilt bis ihre Kapazität ausgeschöpft ist. Dies garantiert, dass die Rettungsstation nicht mehr Menschen versorgt als sie aufnehmen kann. Weiterhin zeigen sie einen Lösungsvorschlag, der Nachfragepunkte, die nicht im maximalen Einsatzradius liegen und somit keinem Standort zugewiesen werden können, zur nächsten Wache zuweist, so dass diese Gebiete trotz Verletzung der Hilfsfrist versorgt werden können.[14] Zwei Jahre zuvor haben sich Pirkul und Schilling (1989) erstmals mit dem CMCLP auseinandergesetzt. Hier lassen sie eine Mehrfachabdeckung, eine sogenannte Backup-Coverage, in das Modell mit einfließen. Die Zielfunktion maximiert, unter kapazitierter Bedingung, die Abdeckung der Nachfrage, so dass diese im optimalen Fall zweimal abgedeckt ist. Zusätzlich kann durch Gewichtung in der Zielfunktion festgelegt werden, für wie wichtig es der ET hält, Backup-Cover zu gewährleisten.[15]

Die Bevölkerung in einem Untersuchungsraum kann im Zeitverlauf entweder wachsen oder sinken oder sich umverteilen und somit neue Nachfragepunkte entstehen lassen bzw. neue Nachfrageschwerpunkte setzten. Daher ist es unerlässlich mehrere Perioden zu

---

[11] Vgl. Church/ ReVelle (1974), S. 103ff.
[12] Vgl. Daskin M. (1983), S. 53.
[13] Vgl. Saydam/ McKnew (1985), S. 385.
[14] Vgl. Pirkul/ Schilling (1991), S. 234ff.
[15] Vgl. Pirkul/ Schilling (1989), S. 143f.

betrachten, um festzustellen, wann neue Rettungswachen nachfragebedingt eröffnet oder geschlossen werden sollten. Zudem ist eine langfristige Planung schon aus Kostengründen empfehlenswert. Modelle wie das SCLP oder MCLP lassen sich durch Hinzunahme eines Zeitindizes dynamisieren. Dazu muss allerdings auch die Annahme gesetzt werden, dass die Anzahl der Rettungswachen über den Zeitverlauf variiert werden darf, da ansonsten neue Nachfragepunkte eventuell nicht versorgt werden können.[16]

3.2. Kapazitiertes Modell zur Disposition von Rettungsfahrzeugen

Im Folgenden wird das MCMCLP-NCF – Modell von Yin und Mu (2012) strukturiert dargestellt. Einhergehend wird das Modell in die Grundlagen der Entscheidungstheorie eingeordnet. Dies bedeutet, dass die Handlungsalternativen des Entscheidungsträgers und die Umweltzustände erörtert werden. Anschließend erfolgt eine Erklärung der Zielfunktion und der Restriktionen.

Indizes:

i $=$ $1,...,I$ Versorgungspunkte

j $=$ $1,...,J$ Potenzielle Standorte für Rettungswachen

Variablen:

x_j $\sim$ Anzahl der Rettungsfahrzeuge am potenziellen Standort j; Rettungswache wird errichtet, sobald $x_j > 0$ ist (mit $j = 1,...,J$)

y_{ij} $\sim$ prozentualer Anteil des Versorgungspunktes i, der einer Rettungswache j zugeordnet wird (mit $i = 1,...,I$, $j = 1,...,J$)

z $\sim$ Zielfunktion; Gesamtkosten

---

[16] Vgl. Gunawardane (1982), S. 191ff.

Parameter:

A_i ~   der Umfang an Nachfrage am Punkt i (mit $i = 1,...,I$)

D_{ij} ~   Distanz oder Zeit von Rettungswache j zum Versorgungspunkt i (mit $i = 1,...,I$, $j = 1,...,J$)

S ~   maximale Distanz oder Zeit, die ein Rettungsfahrzeug nach Eingang des Notrufs von Standort j brauchen darf, um zum Versorgungspunkt i zu gelangen $i \in I$

J_i ~   potenzielle Rettungswachen j, die Versorgungspunkte i innerhalb einer bestimmten Zeit oder Distanz mit ihren Einsatzfahrzeugen erreichen können ($J_i = \{j \in J \mid D_{ij} \leq S\}$, mit $i = 1,...,I$, $j = 1,...,J$)

P ~   Anzahl aller verfügbarer Rettungsfahrzeuge

C ~   Kapazität eines Rettungsfahrzeugs

W ~   Gewicht, der zwar Rettungswachen zugeteilten, aber nicht abgedeckten Versorgungspunkte

$$\max z = \sum_{i \in I} \sum_{j \in J_i} A_i \, y_{ij} - W \sum_{i \in I} \sum_{j \in J_i} D_{ij} \, A_i \, y_{ij} \tag{1}$$

$$\text{s.d.} \quad \sum_{i \in I} A_i \, y_{ij} \leq C \, x_j \qquad j = 1,...,J \tag{2}$$

$$\sum_{j \in J} x_j = P \tag{3}$$

$$\sum_{j \in J} y_{ij} = 1 \qquad i = 1,...,I \tag{4}$$

$$x_j = \{0,1,2,...,P\} \qquad j = 1,...,J \tag{5}$$

$$0 \leq y_{ij} \leq 1 \qquad i = 1,...,I; j = 1,...,J \tag{6}$$

Eine der Handlungsalternativen, die der Entscheidungsträger in diesem Modell treffen kann, ist die Entscheidung wie viele Einsatzfahrzeuge x_j, am Standort j an einer Rettungswache stationiert werden sollen. Yin und Mu (2012) treffen die Annahme, dass eine Rettungswache am Standort j eröffnet wird, sobald ein oder mehrere Fahrzeuge einem Standort j zugewiesen werden. Weiterhin wird angenommen, dass eine begrenzte Anzahl von Rettungswagen existiert. Daher muss der ET vorher die maximale Anzahl der zu verteilenden Rettungswagen festsetzen. Damit einhergehend kann der ET entscheiden, welchen Fahrzeugtyp er/ sie nimmt, damit die Kapazität für die Versorgung der Bevölke-

12

rung ausreicht. Werden Fahrzeuge mit großer Kapazität gewählt, brauchen die jeweiligen Standorte, denen Nachfragepunkte mit hohem Bedarf zugewiesen sind, weniger Fahrzeuge. Allerdings können bei Nachfragepunkte mit niedrigem Bedarf dadurch teure Überkapazitäten entstehen. Eine weitere Handlungsalternative besteht darin, zu entscheiden, welche Versorgungspunkte i zu wie viel Prozent von einer Wache am Standort j bedient werden, unter der Voraussetzung, dass die Nachfrage A_i innerhalb des Versorgungsbereichs der Wache liegt, der durch $D_{ij} \leq S$ determiniert wird. $D_{ij} \leq S$ besagt, dass die maximale Distanz oder die maximale Zeit S, die ein Fahrzeug nach Eingang eines Notrufs von Wache j brauchen darf, um den Einsatzort i zu erreichen, nicht überschritten werden darf. Diese Hilfsfrist S wird entweder vom ET selber festgelegt oder unterwirft sich den festgelegten raumspezifischen Fristen, die per Gesetz festgelegt wurden, wie zum Beispiel den oben genannten „United States Emergency Medical Services Act". Tritt letzteres auf wird die Handlungsalternative zu einem Umweltzustand.

Ein Umweltzustand, der erheblich das Ergebnis beeinflusst, ist sowohl die Höhe des Bedarfs A_i am Versorgungspunkt i als auch die Kapazität C. Steigt die Höhe und die Anzahl der Versorgungspunkte an, so muss entweder die Kapazität C oder die Anzahl der Rettungswagen x_j der Wache am Standort j erhöht werden. Die Lage des Nachfragepunktes entscheidet darüber, ob der Nachfragepunkt i innerhalb der Hilfsfrist liegt und somit von einer Rettungswache am Standort j versorgt wird oder nicht. Der ET kann ferner darüber entscheiden, dass Punkte außerhalb der Hilfsfrist nicht nur der nächsten Rettungswache zugeteilt, sondern auch von ihr versorgt werden, indem er sie durch eine Gewichtung W priorisiert. Entweder entscheidet er/sie subjektiv über die Höhe der Gewichtung, um dem gewünschtem Ziel vollkommener Versorgung möglichst nahe zu kommen, oder berechnet W durch folgende Formel:

$$0 \leq W \leq \frac{1}{A(Dmax - Dmin)} \tag{7}$$

wobei A die Summe der Nachfrage in der Bevölkerung und D_{max} bzw. D_{min} die größte bzw. kleinste Distanz, die es zwischen einer Wache am Standort j und einem Versorgungspunkt i gibt, darstellt. Dadurch wird diese Handlungsalternative zu einem Umweltzustand, da die Formel Informationen enthält, die der ET nicht beeinflussen kann. Da hier keine stochastischen Elemente enthalten sind, wird ferner angenommen, dass es sich um eine Entscheidung unter Sicherheit handelt. Allerdings sei hier angemerkt, dass die Nachfrage, wie in Kapitel 2 dargelegt wurde, durch eine Nachfrageprognose bestimmt werden kann. Daraus würde eine implizite Entscheidung unter Unsicherheit erfolgen.

Das Modell besteht aus einer Zielfunktion (1) und fünf Restriktionen (2)-(6). Die Zielfunktion maximiert mit $\sum_{i \in I} \sum_{j \in J_i} A_i y_{ij}$ die Versorgung der den Rettungswachen zugeteilten Nachfragepunkte. Versorgt werden allerdings nur diejenigen, die innerhalb der Hilfsfrist ($J_i = \{j \in J \mid D_{ij} \le S\}$) gelegen sind. Gleichzeitig wird durch den zweiten Teil der Zielfunktion ($-W \sum_{i \in I} \sum_{j \in J_i} D_{ij} A_i y_{ij}$) die Distanz zwischen den nicht versorgten Nachfragepunkten $j \notin J$ und der ihnen zugeteilten Rettungswachen minimiert, so dass bei einem Notfall, die Hilfsfrist zwar nicht eingehalten wird, das Rettungsfahrzeug dennoch so schnell wie möglich vor Ort sein kann. Restriktion (2) versichert, dass die dem Standort j zugeteilten Bedarfe A_i nicht die Gesamtkapazität der Fahrzeuge vor Ort übersteigt. Das bedeutet, dass der Standort j nicht mehr Nachfrager versorgen kann als Kapazität vorhanden ist. Yin und Mu (2012) bestimmen die Höhe dieses Parameters C, indem sie die Bevölkerungszahl, die der abzudeckenden Nachfrage gleichgesetzt wird, durch die Anzahl der vorhandenen Rettungswagen dividieren und das Ergebnis aufrunden. Der Wert spiegelt die maximale Anzahl der Personen wieder, die innerhalb einer Hilfsfrist von einem Rettungswagen versorgt werden können. Weiterhin wird angenommen, dass jedes Fahrzeug die gleiche Kapazität besitzt. Die Bedingung (3) begrenzt die maximale Anzahl der Rettungsfahrzeuge x_j, die zur Verfügung stehen. Restriktion (4) sorgt dafür, dass jeder Nachfragepunkt einer Rettungswache zugeteilt wird. Die nächste Restriktion (5) ist eine Nicht-Negativitätsbedingung für die Entscheidungsvariable x_j, wohingegen Restriktion (6) dafür sorgt, dass y_{ij} einen Wert zwischen 0 und 1 annimmt.[17]

3.3. Beispiel anhand Bochums

Das Ziel ist es, zum einen herauszufinden wie viele Fahrzeuge, den jeweiligen Standorten der schon bereits existierenden Rettungswachen, zugewiesen werden und ob damit die Bevölkerung ausreichend versorgt werden kann, unter der Bedingung, dass die Anzahl der Fahrzeuge determiniert ist. Zum anderen sollen Nachfrageschwankungen in einem mehrperiodischen Modell Aufschluss über die Verteilung der Rettungswagen geben.

---

[17] Vgl. Yin & Mu (2012), S. 248ff.

3.3.1. Prüfung auf Optimalität der Standorte

Vorerst werden die Annahmen für das Modell gesetzt:

Die Stadt Bochum besitzt insgesamt 26 Stadtgebiete (siehe Anhang Abbildungen, Abb. 2) mit zehn Hauptrettungswachen (siehe Anhang Abbildungen, Abb. 3). Standorte der Freiwilligen Feuerwehr und sonstige Rettungswachen werden hier nicht in Betracht gezogen. Sowohl Rettungswachen 2 und 9 als auch 5 und 6 decken ein Gebiet zweimal ab. Daher werden diese Gebiete jeweils in zwei Bereiche unterteilt und die Nachfrage wird ungefähr gleich aufgeteilt. Da jedoch die Xpress-ive Studentenversion hinsichtlich der Variablen begrenzt ist, werden die Gebiete Hordel und Günningfeld und Sevinghausen und Westenfeld zusammengefasst, so dass es bei insgesamt 26 Gebieten bleibt. Abbildung 3 unterstützt die Vermutung von Aldrich/ Hisserich/ Lave (1971) und Siler (1975), dass der Stadtkern besondere Beachtung hinsichtlich der medizinischen Versorgung findet, da hier die höchste Nachfrage zu erwarten ist. Weiterhin bekommen alle Nachfragepunkte mindestens einen Standort zugewiesen und werden von diesen auch versorgt, so dass $W=0$ gilt. Die Determinierung der existierenden Standorte übernimmt der Parameter Z_j, welcher in der zweiten Restiktion mulitplikativ zur rechten Seite hinzugefügt wird.. Durch diese Annahme nimmt das Modell nun Züge des MCMCLP-FC Modell an, das im selben Werk von Yin und Mu (2012) zu finden ist, und verliert dabei an Flexiblität. Dennoch wurde auf dieses Modell verzichtet, da die Binärvariable x_{jk} den Rechenaufwand unnötig ansteigen lässt. Zwar wird die Anzahl der potenziellen Wachen damit implizit festgelegt, allerdings besteht hier der unterschied, dass es immernoch potenzielle Standorte sind und diese nicht zwingend mit einer Rettungswache ausgestattet werden müssen, was das $\leq$ - Zeichen in der zweiten Restriktion damit zum Ausdruck bringt. Zudem wird sichergestellt, dass nur die ersten zehn Gebiete als potenzielle Standorte berücksichtigt werden. Damit eröffnet eine Rettungswache in einem der zehn Gebiete sobald die Nachfrage in dem Gebiet der Wache oder der ihr zugeteilten Nachfragepunkte größer null ist.

Ferner ist die Bevölkerungszahl der jeweiligen Stadtgebiete gleichzeitig die Höhe der potenziellen Nachfrage, so dass die Priorität und damit gleichbedeutend die Anzahl der benötigten Fahrzeuge eines Gebietes damit bestimmt werden können. Die Bevölkerungszahl ist aus dem Zensus des Jahres 2011 und die Anzahl der Rettungsfahrzeuge aus dem Jahresbericht 2010 der Bochumer Feuerwehr. Rettungsfahrzeuge setzen sich aus Krankentransportwagen (KTW), Rettungstransportwagen (RTW), Notarzt-Einsatzfahrzeug (NEF) und Interhospitaler Transport (IHT) zusammen und ergeben in ihrer Gesamtzahl 27 Fahrzeuge. Dies bedeutet, dass hierbei ausschließlich eingehende notärztliche Notfälle betrachtet werden. Zwar stehen in den Bochumer Rettungswachen noch weitere Fahrzeuge wie Löschzüge, jedoch wird die Brandschutzbekämpfung im Moment außen vor gelassen. Die Hilfsfrist in Nordrhein-Westfalen beträgt 5-8 Minuten im urbanen und maximal 12 Minuten im ländlichen Raum.[18] Da hier nur der urbane Raum betrachtet wird, ist der Parameter S auf 8 Minuten gesetzt worden, so dass nur die Gebiete potenzielle Standorte j einer Rettungswache sein können, die innerhalb dieser Frist zu erreichen sind. Zudem gibt es keine Differenzen zwischen der Hin-und Rückfahrt, so dass gilt: $D_{ij}=D_{ji}$. Die Kapazität wird bei einer Bevölkerungszahl von 366054 und 27 Rettungsfahrzeugen auf 13600 gesetzt, um mit 367200 Kapazitäten die Bevölkerung zu versorgen. Betrachtet dieses einperiodische Modell ein Kalenderjahr, kann die Kapazität auch anders interpretiert werden. Steht die Kapazität für die maximale Anzahl der Personen, die innerhalb der Hilfsfrist S liegen, die von einem Fahrzeug pro Jahr versorgt werden können und existiert eine Wahrscheinlichkeit für einen notärztlichen Notruf von

$L = 0.05$, ergibt dies ca. 1.86 Personen pro Tag, die von einem Fahrzeug versorgt werden können.[19] Dies dient allerdings nur der Erläuterung der Kapazitäteninterpretation und hat keinen weiteren stochastischen Einfluss auf das Modell bzw. Ergebnis. Yin und Mu (2012) merken zwar an, dass die Kapazität eines Fahrzeugs mehreren Einflüssen unterliegt wie zum Beispiel der durchschnittlichen Fahrzeit von einer Wache zum Einsatzort, der durchschnittlichen Einsatzrate oder der durchschnittlichen Einsatzdauer. Aber aus Gründen der Vereinfachung wird angenommen, dass es keine Individualisierung der Fahrzeugkapazitäten gibt, also jedes Fahrzeug die gleich Kapazität vorweist, und dass sich die Kapazität einer Rettungswache aus der Gesamtkapazität der dort stationierten Fahrzeuge zusammensetzt.[20]

Nun wird die Vorgehensweise erläutert:

Zuerst wird eine Entfernungsmatrix erstellt, indem die durchschnittliche Fahrzeit zwischen jedem Gebiet gemessen wird (siehe Anhang Matrizen, Tabelle 7). Handelt es sich um ein Gebiet mit einer Rettungswache (Gebiete 1-10), wird von dessen exaktem Standort aus gemessen. Bei Gebieten ohne Rettungswache sind deren Mittelpunkte Ausgangspunkte.

Zunächst wird die Entfernungsmatrix in das MCMCLP-NFC-Modell eingespeist und die Zielfunktion so verändert, dass die Entfernungen zwischen den Rettungsstandorten und den Nachfragegebieten minimiert werden (siehe Anhang Xpressive Modelle, Abbildung 4). Hierbei wird die Fahrzeuganzahl nicht bedingt, damit eine optimale und 100 prozentige Zuteilung der Nachfrager zu den Standorten erfolgen kann.

---

[18] Vgl. Koch/ Kuschinsky (1999), S. 11ff.
[19] Vgl. Bianchi/ Chruch (1988), S. 166.
[20] Vgl. Yin / Mu (2012), S. 248.

Das Ergebnis ist eine Matrix, die die minimalen Entfernungen zwischen den einzelnen Standorten und ihren Nachfragepunkten widerspiegelt (siehe Anhang Matrizen, Tabelle 8). Das optimale Ergebnis hierbei ist 101 Minuten. Die neue Matrix lässt erkennen, dass Standorte mit Rettungswachen sich nicht gegenseitig abdecken, sondern ihre Kapazitäten vorrangig für ihr eigenes Gebiet verwenden, bevor ihnen durch freie Kapazitäten weitere Nachfragepunkte zugeteilt werden. Im Folgenden wird ein Vergleich der Ergebnisse des MCMCLP-NFC Modells im Ausgangszustand (siehe Anhang Xpressive Modelle, Abbildung 5) einmal mit der distanzoptimierten Matrix und einmal mit der Entfernungsmatrix dargestellt; dabei sind die Ergebnisse auf drei Nachkommastellen gerundet worden.

Standorte / Nachfragepunkte	Westenfeld	Mitte	Werne	Weitmar	Wiemelhausen Süd	Wiemelhausen Nord	Grumme	Langendreer	Innenstadt	Wattenscheid
Westenfeld	1									
Mitte		1								
Werne			1							
Weitmar				1						
Wiemelhausen Süd					1					
Wiemelhausen Nord						1				
Grumme							1			
Langendreer		0,002		0,064	0,026			0,846		0,062
Innenstadt		0,323							0,677	
Wattenscheid										1
Höntrop	0,97	0,033								
Eppendorf				1						
Dahlhausen				1						
Linden				1						
Stiepel					1					
Querenburg					1					
Laer			1							
Altenbochum					1					
Harpen			0,651	0,073		0,276				
Gerthe			1							
Hiltrop								1		
Bergen								1		
Riemke								1		
Hofstede								1		
Hamme										1
Hordel										1
Anzahl der Fahrzeuge pro Standort	2	2	3	5	4	1	3	2	1	4

Tab. 1: Ergebnis des MCMCLP-NFC Modells mit der distanzoptimierten Matrix

Bevölkerung abgedeckt: 348313

Nicht versorgte Bevölkerung: 17741 (ca. 5,093%)

Standorte / Nachfragepunkte	Westenfeld	Mitte	Werne	Weitmar	Wiemelhausen Süd	Wiemelhausen Nord	Grumme	Langendreer	Innenstadt	Wattenscheid
Westenfeld	1									
Mitte						0,983	0,017			
Werne			1							
Weitmar						1				
Wiemelhausen Süd						1				
Wiemelhausen Nord				0,45		0,55				
Grumme		0,859					0,141			
Langendreer			1							
Innenstadt						1				
Wattenscheid	1									
Höntrop	1									
Eppendorf	0,029			0,971						
Dahlhausen				1						
Linden				1						
Stiepel					1					
Querenburg					1					
Laer			1							
Altenbochum		0,226			0,774					
Harpen			0,35				0,65			
Gerthe			1							
Hiltrop								1		
Bergen								1		
Riemke								1		
Hofstede								1		
Hamme	0,68									0,32
Hordel										1
Anzahl der Fahrzeuge pro Standort	5	1	5	3	3	6	3			1

Tab. 2: Ergebnis des MCMCLP-NFC Modells mit der Entfernungsmatrix

Bevölkerung abgedeckt: 366054

Nicht versorgte Bevölkerung: 0

Es ist zu erkennen, dass das Modell mit der Entfernungsmatrix die Bevölkerung gänzlich versorgen kann und das mit nur acht Rettungswachen, während das Modell mit der distanzoptimierten Matrix einen kleinen Teil der Bevölkerung nicht abdecken kann und jedem der zehn potenziellen Standorte eine Rettungswache zuweist. Allerdings vernachlässigt das Modell mit der Entfernungsmatrix die Versorgung des eigenen Standortes und entspricht somit nicht der Realität. Die Ergebnisse der Tabelle 1 sind in dieser Hinsicht realistischer und logischer, da Nachfragepunkte den nächsten Standorten zugewiesen werden. Damit ist auch die Versorgung des Gebietes durch Rettungswagen gewährleistet, in dem die Wache vorhanden ist.

Aufgrund der Kapazität von 13600 und der bedingten Anzahl der Fahrzeuge, schafft es das Modell allerdings nicht immer dieses Kriterium zu erfüllen. Zum Beispiel wird die Nachfrage von Langendreer nur teilweise von dessen Standort abgedeckt, so dass die Standorte Weitmar, Wiemelhausen und Mitte aushelfen müssen. Zwar gibt es Standorte wie Werne, die näher an Langendreer liegen, jedoch haben diese nicht ausreichend freie Kapazitäten mehr zur Verfügung und werden deshalb ignoriert. Da das Ziel jedoch darin besteht, die Abzudeckende Nachfrage zu maximieren, wird es durch die Zuweisung dieser drei Standorte erreicht.

Um die Versorgung der Nachfrage in dem Modell mit der distanzoptimierten Matrix gänzlich zu garantieren und zu gewährleisten, dass jeder Nachfragepunkt zu 100% von einem Standort bedient wird, ist entweder die Kapazität oder die Anzahl der Fahrzeuge zu erhöhen. Da die Annahme besteht, dass jedes Fahrzeug die gleiche Kapazität besitzt und bei einer Kapazitätenerhöhung entweder jedes Fahrzeug durch ein Größeres ausgetauscht oder ausgebaut werden müsste, ist es effizienter und kostengünstiger sich für Letzteres zu entscheiden und die Anzahl der Fahrzeuge zu erhöhen. Bei Aufhebung der Restriktion (3) wird oben genanntes Ziel mit 31 Fahrzeugen erreicht (siehe Tabelle 3). Dies ist notwendig, da hier die Entscheidungsvariablen nicht wie in den meisten MCLP-Modellen binär, sondern im Fall von x_j ganzzahlig oder im Fall von y_{ij} von 0 bis 1 stetig sind. Durch diese Relaxation der y_{ij} Variable wird wesentlich weniger Rechenaufwand erwartet, weil bei der Ausführung des Modells weniger Restriktionen benötigt werden.[21] Dies ist auch bei der Durchführung des Beispiels zu Tage gekommen, da die Xpressive Studentenversion, vor dem Hintergrund der gesetzten Annahmen, an seine Grenzen stößt, wenn y_{ij} binärer Natur wäre. Jedoch hat diese Relaxation den Nachteil, dass Gebiete von mehreren anteilig Wachen abgedeckt werden. So ist zu erkennen, dass im ersten Ergebnistableau der Nachfragepunkt Langendreer u.a. vom Standort „Mitte" zu 0,2% abgedeckt wird. Um solche Ergebnisse aufgrund ihrer Ineffizienz zu vermeiden, wird die Restriktion (3) aus der Rechnung herausgenommen und unterstellt, dass es beliebig viele Fahrzeuge gibt, um das Ziel zu erfüllen und darüber hinaus für eine 100 prozentige Versorgung der Nachfragepunkte zu garantieren. Dennoch gibt die Größe der Kapazität einen Hinweis über den Schwankungsbereich der Fahrzeuganzahl, da, wie oben gezeigt, Kapazität und Anzahl der Fahrzeuge voneinander abhängen.

---

[21] Vgl. Pirkul/ Schilling (1991), S. 235.

Dieses Ergebnis lässt darauf schließen, dass Bochum, unter den getroffenen Annahmen, mit 27 Rettungswagen unterversorgt ist und eine vollkommene notärztliche Versorgung der Bevölkerung nur mit 31 Rettungsfahrzeugen zu gewährleisten ist. Das Folgende Tableau zeigt das optimale Ergebnis mit der fehlenden dritten Restrikton und der Distanzoptimerten Matrix, die sicherstellt, dass die Standorte der Rettungwachen auch sich selber abdecken:

Nachfragepunkte \ Standorte	Westenfeld	Mitte	Werne	Weitmar	Wiemelhausen Süd	Wiemelhausen Nord	Grumme	Langendreer	Innenstadt	Wattenscheid
Westenfeld	1									
Mitte		1								
Werne			1							
Weitmar				1						
Wiemelhausen Süd					1					
Wiemelhausen Nord						1				
Grumme							1			
Langendreer								1		
Innenstadt									1	
Wattenscheid										1
Höntrop	1									
Eppendorf				1						
Dahlhausen				1						
Linden				1						
Stiepel					1					
Querenburg					1					
Laer			1							
Altenbochum					1					
Harpen			1							
Gerthe			1							
Hiltrop							1			
Bergen							1			
Riemke							1			
Hofstede							1			
Hamme										1
Hordel										1
Anzahl der Fahrzeuge pro Standort	3	2	4	5	4	1	3	3	2	4

Tab. 3: Ergebnis des MCMCLP-NFC Modells mit distanzoptimierter Matrix und fehlender dritten Restriktion

3.3.2. Mehrperiodische Betrachtung mit Nachfrageschwankungen

Nun wird untersucht, wie sich strukturelle Nachfrageschwankungen in verschiedenen Perioden auf das Ergebnis auswirken. Es werden insgesamt zwei Szenarien betrachtet: Zum einen werden die oben genannten Annahmen getroffen, d.h., dass das Modell mit der durch die Anzahl der Rettungswagen abgeleiteten Kapazität von 13600 rechnet. Im zweiten Szenario werden dieses mal nicht nur notärztliche Notrufe betrachtet, sondern auch eine brandschützende Versorgung der Bevölkerung, d.h., es werden alle 80 vorhandenen Fahrzeuge der zehn Bochumer Rettungswachen berücksichtigt, wobei hierbei auch Löschfahrzeuge und Ähnliches hinzugezählt werden und die Kapazität nun bei 4600 pro Fahrzeug liegt. Zwar wurde oben angedeutet, dass Unterschiede zwischen Feuerwehr und notärztlichen Einrichtungen bestehen, jedoch sollen diese Unterscheide hier ausgeblendet werden, da es sich im Wesentlichen nur um eine Ausweitung der Fahrzeuge handeln soll. Inkludierte die Wahrscheinlichkeit L lediglich notärtzliche Notrufe, werden nun auch Notrufe berücksichtigt, die Brandschutzbekämpfung voraussetzen. Es wird angenommen, dass die Wahrscheinlichkeit für einen Notruf L nun auf 10 % ansteigt und damit bei einer Kapazität von 4600 ca. 1.26 Personen pro Tag von einem Fahrzeug versorgt werden können, unabhängig von der Art des Notrufs. Allerdings werden nun auch zwei Nachfragearten betrachtet, die zwei unterschiedliche Fahrzeugtypen brauchen: Rettungswagen und Löschfahrzeuge. Das Verhältnis liegt bei insgesamt 80 Fahrzeugen zu 2/3 Löschfahrzeugen und 1/3 Rettungswagen. Es wird postuliert, dass dieses Verhältnis in den Folgeperioden bestehen bleiben soll. Weiterhin wird das MCMCLP-NFC-Modell mit der distanzoptimierten Matrix genommen und die Fahrzeuganzahl nicht bedingt. Beide Szenarien rechen mit denselben Ereignissen.

Es werden insgesamt fünf Perioden – 2011, 2015, 2020, 2025 und 2030 – betrachtet, wobei ab 2015 die Nachfrage der aktuellen Periode das Ergebnis aus den Ereignissen der Vorperiode darstellt. Betrachtet werden sowohl Nachfragesteigerungen ausgelöst durch Attraktivitätsgewinnung eines Gebietes wie zum Beispiel durch Ausbau eines Industriegebietes als auch Nachfragerückgänge durch Firmenschließungen und ein permanenter allgemeiner Bevölkerungsrückgang. Letzteres wird durch eine hohe Sterbe- und Abwanderungsrate sowie einer niedrigen Geburtenrate hervorgerufen. Zudem wird angenommen, dass ein Ereignis ein Gebiet nachhaltig beeinflusst und sich die Nachfrage in den Folgeperioden entsprechend dem vorangegangenen Ereignis verhält. Im Folgenden wird die Tabelle 4 der Nachfrageentwicklung näher erläutert.

	2011	2015	2020	2025	2030
Westenfeld	10567	8303	8100	7800	9500
Mitte	20084	19582	19080	23200	24500
Werne	14815	12445	14074	13704	13334
Weitmar	27728	26706	26342	27500	29000
Wiemelhausen Süd	9063	8036	8000	7910	7800
Wiemelhausen Nord	9062	8835	8609	8382	8156
Grumme	12678	11361	12044	11727	11410
Langendreer	32148	28144	26200	25300	24000
Innenstadt	20083	18581	19079	23200	24500
Wattenscheid	28617	27902	27186	26471	28000
Höntrop	17201	16771	16341	15911	15481
Eppendorf	9693	9451	9208	8966	8724
Dahlhausen	13051	12725	12398	14000	15000
Linden	14257	13901	13544	14500	16000
Stiepel	11304	11021	10739	10456	10174
Querenburg	20212	28707	30000	31000	31200
Laer	6092	3940	3500	3645	3546
Altenbochum	11993	8693	8400	7600	6200
Harpen	16459	15048	14848	14700	14500
Gerthe	9176	8947	10120	12500	13800
Hiltrop	8661	8444	8228	8011	7795
Bergen	2000	1950	1900	1850	1800
Riemke	7518	7330	7142	6954	6766
Hofstede	9800	9555	9310	9065	8820
Hamme	14985	12610	12010	11800	14000
Hordel	8807	8187	8100	7800	9100
Gesamtnachfrage	366054	347175	344502	353952	363106

Tab. 4: Nachfrageentwicklung zwischen 2011 bis 2030

Ereignisse ab 2011
Opelschließung
Doppelter Abiturjahrgang und Ausbau der RUB
Schließung Thyssen-Krupp Nirosta
Allgemeiner Bevölkerungsrückgang

Ereignisse ab 2015
Industriegebiet Gerthe wird ausgebaut
Allgemeiner Bevölkerungsrückgang

Ereignisse ab 2020
Ausbau Innenstadt und Mitte
Linden, Dahlhausen und Weitmar werden familienfreundlicher
Allgemeiner Bevölkerungsrückgang

Ereignisse ab 2025
Wattenscheids Industriegebiet wird attraktiver
Wohnungausbau der Gebiete Hordel, Hamme und Westenfeld
Allgemeiner Bevölkerungsrückgang

Abb. 1: Legende zur Tabelle 6

Ereignisse ab 2011: Durch die Schließung der Opel-Werke im Jahr 2014 verlieren ca. 45000 Arbeitnehmer ihren Arbeitsplatz. Allerdings ist diese Zahl nicht maßgeblich für den Rückgang an Nachfrage, da angenommen wird, dass ein Teil in Bochum bleibt und ein Teil woanders arbeitsbedingt hinzieht. Dennoch verlieren die Gebiete Altenbochum, Laer und Langendreer wegen der nun mangelnden Attraktivität des Standortes nachhaltig an Bewohner. Dies trifft auch auf das Gebiet Westenfeld zu, das durch die Schließung des Thyssen-Krupp Werkes Nirosta mit einem Nachfragerückgang zu rechnen hat.

Der doppelte Abturjahrgang im Jahr 2012 bedeutet für die Universitäten NRWs einen ca. 20 prozentigen Anstieg an Studenten. Die RUB hat sich bereit erklärt ca. 9000 zusätzliche Studenten aufzunehmen und baut den Campus weiter aus, um in den Folgejahren noch mehr Studenten aufnehmen zu können. Da der Großteil der Studenten in Studentenwohn- heime wohnt, steigt daher die Nachfrage in dem Gebiet Querenburg, wobei angenommen wird, dass mehr Wohnheime errichtet/ ausgebaut werden, um die Nachfrage nach Woh- nungen bedienen zu können. Weiterhin gilt über alle Perioden hinweg ein negatives Bevölkerungswachstum.

Ereignisse ab 2015: Das Industriegebiet Gerthe wird weiträumig aus gebaut, was bis zum Jahr 2030 einen Anstieg des Bedarfs um ca. 50% ausmacht.

Ereignisse ab 2020: Sowohl das Zentrum Bochums (Innenstadt und Mitte) erfährt durch die Eröffnung weiterer Geschäfte und den Bau eines neuen Einkaufscenters einen Nachfrageanstieg als auch die Gebiete Weitmar, Dahlhausen und Linden, da durch den familienfreundlicheren Ausbau eine verhältnismäßig hohe Geburtenrate zu erwarten ist.

Ereignisse ab 2025: Aufgrund von diversen Anreizen gewinnt der Industriestandort Wattenscheid bis 2030 an Attraktivität und somit auch an Unternehmen, die sich dort niederlassen. Hordel, Hamme und Westenfeld profitieren davon, da sich dort viele Arbeitnehmer eine der neuen Wohnungen erwerben können, nachdem dort ein Wohnungsausbau stattgefunden hat.

Die nachstehenden Tabellen 5 und 6 zeigen die Ergebnisse mit dieser Nachfrage- entwicklung zunächst im ersten Szenario mit 13600 Kapazitäten und einem Fahrzeug- typen, im zweiten Szenario dann mit 4600 Kapazitäten und einer Fahrzeugdifferenzierung.

2011

J		X
Westenfeld	1	3
Mitte	2	2
Werne	3	4
Weitmar	4	5
Wiemelhausen Süd	5	4
Wiemelhausen Nord	6	1
Grumme	7	3
Langendreer	8	3
Innenstadt	9	2
Wattenscheid	10	4
Summe der Fahrzeuge		31

2015

J	X	Δ Vorjahr
1	2	-1
2	2	0
3	3	-1
4	5	0
5	5	1
6	1	0
7	3	0
8	3	0
9	2	0
10	4	0
	30	-1

2020

J	X	Δ Vorjahr
1	2	0
2	2	0
3	4	1
4	5	0
5	5	0
6	1	0
7	3	0
8	2	-1
9	2	0
10	4	0
	30	0

2025

J	X	Δ Vorjahr
1	2	0
2	2	0
3	4	0
4	5	0
5	5	0
6	1	0
7	3	0
8	2	0
9	2	0
10	4	0
	30	0

2030

J	X	Δ Vorjahr
1	2	0
2	2	0
3	4	0
4	6	1
5	5	0
6	1	0
7	3	0
8	2	0
9	2	0
10	4	0
	31	1

Tab. 5: Szenario1: Ergebnis mit Betrachtung der Rettungsfahrzeuge und einer sich daraus ergebenen Kapazität von 13600

	2011			
	J	X	Rettungswagen	Löschfahrzeuge
Westenfeld	1	7	2	5
Mitte	2	5	2	3
Werne	3	11	4	7
Weitmar	4	15	5	10
Wiemelhausen Süd	5	12	4	8
Wiemelhausen Nord	6	2	1	1
Grumme	7	9	3	6
Langendreer	8	7	2	5
Innenstadt	9	5	2	3
Wattenscheid	10	12	4	8
Summe der Fahrzeuge		85	29	56

2015					Δ Vorjahr	
J	X	Δ Vorjahr	Rettungswagen	Löschfahrzeuge	Rettungswagen	Löschfahrzeuge
1	6	-1	2	4	0	-1
2	5	0	2	3	0	0
3	9	-2	3	6	-1	-1
4	14	-1	5	9	0	-1
5	13	1	4	9	0	1
6	2	0	1	1	0	0
7	9	0	3	6	0	0
8	7	0	2	5	0	0
9	5	0	2	3	0	0
10	11	-1	4	7	0	-1
	81	-4	28	53	-1	-3

2020					Δ Vorjahr	
J	X	Δ Vorjahr	Rettungswagen	Löschfahrzeuge	Rettungswagen	Löschfahrzeuge
1	6	0	2	4	0	0
2	5	0	2	3	0	0
3	10	1	3	7	0	1
4	14	0	5	9	0	0
5	13	0	4	9	0	0
6	2	0	1	1	0	0
7	9	0	3	6	0	0
8	6	-1	2	4	0	-1
9	5	0	2	3	0	0
10	11	0	4	7	0	0
	81	0	28	53	0	0

		2025			Δ Vorjahr	
J	X	Δ Vorjahr	Rettungswagen	Löschfahrzeuge	Rettungswagen	Löschfahrzeuge
1	6	0	2	4	0	0
2	6	1	2	4	0	1
3	10	0	3	7	0	0
4	15	1	5	10	0	1
5	13	0	4	9	0	0
6	2	0	1	1	0	0
7	9	0	3	6	0	0
8	6	0	2	4	0	0
9	6	1	2	4	0	1
10	11	0	4	7	0	0
	84	3	28	56	0	3

		2030			Δ Vorjahr	
J	X	Δ Vorjahr	Rettungswagen	Löschfahrzeuge	Rettungswagen	Löschfahrzeuge
1	6	0	2	4	0	0
2	6	0	2	4	0	0
3	10	0	3	7	0	0
4	15	0	5	10	0	0
5	13	0	4	9	0	0
6	2	0	1	1	0	0
7	8	-1	3	5	0	-1
8	6	0	2	4	0	0
9	6	0	2	4	0	0
10	12	1	4	8	0	1
	84	0	28	56	0	0

Tab. 6: Szenario 2: Ergebnis mit Betrachtung aller Fahrzeuge
und einer sich daraus ergebenen Kapazität von 4600

Die Ergebnisse lassen erkennen, dass auch bei der Wahl einer niedrigen Kapazität die Anzahl der vorhandenen Fahrzeuge nicht ausreicht und 2011 die Fahrzeuganzahl von 80 auf 85 Fahrzeuge erhöht werden muss, damit jeder Nachfragepunkt 100% abgedeckt wird und nicht nur anteilig. Beim Vergleich der beiden Ergebnisse wird die Auswirkung der Kapazität auf die Sensitivität des Modells deutlich. Während die Ergebnisse des MCMCLP-NFC Modells mit den benötigten 85 Fahrzeugen wesentlich dynamischer und sensitiver wirkt, reagiert das Modell mit 13600 Kapazitäten wenig bis gar nicht auf Nachfrageschwankungen, wie im Jahr 2025 ersichtlich ist. Zudem entstehen durch das gewählte Verhältnis zwischen den Fahrzeugen besonders Schwankungen bzgl. der Anzahl der Löschwagen. Während die Zahl der Rettungswagen lediglich bei größeren Nachfrageschwankungen reagiert wie 2015 in Bezug auf die Opelschließung, variiert die Zahl der Löschzüge durch das gewählte Verhältnis intensiver.

Der permante Bevölkerungsrückgang wurde gewählt, um zu verdeutlichen, dass das Modell mit 4600 Kapazitäten auch bei kleineren Nachfrageschwankungen sofort reagiert und die Fahrzeuganzahl anpasst, während mit 13600 Kapazitäten genügend Fahrzeuge vorhanden sind, um die Bevölkerung zu versorgen. Fällt jedoch ein Rettungsfahrzeug aus entsteht sofort eine große Versorgungslücke. Demnach ist es vorteilhafter, wenn die abzudeckende Bevölkerung durch ein Fahrzeug niedrig ist, da bei einem Ausfall weniger Personen durch einen Versorgungsengpass gefährdet sind.

Oft wird die Kapazität des eines Standortes zuletzt zugewiesenen Fahrzeugs nicht ausgenutzt, unabhängig von der gewählten Höhe von C. Das Bespiel Westenfeld zeigt, dass im Jahr 2011 die Kapazität des dritten bzw. siebten Fahrzeugs bei einer Nachfrage von 27768 nur zu 4,76% $(C=13600)$ oder zu 6,05% $(C=4600)$ beansprucht wird und somit die Notwendigkeit der Anschaffung gering ist, aufgrund der Zielformulierung dennoch vorhanden ist. Würde die Kapazität verringert werden, bedeute dies zwar eine Verringerung der Überkapazitäten, zugleich jedoch eine höhere Anzahl an Fahrzeugen. Wie elastisch dieses Verhältnis ist zeigt folgende Rechnung:

$$\varepsilon_{X,C} = \frac{\frac{x_{jt}-x_{jt-1}}{x_{jt-1}}}{\frac{C_t-C_{t-1}}{C_{t-1}}} = \frac{\frac{35-31}{31}}{\frac{12600-13600}{13600}} = \text{-1,75483871}$$

Mit einem Wert von ca. -1,755 ist das Verhältnis zwischen Kapazität und Fahrzeuganzahl sehr elastisch, d.h., dass wenn die Kapazität um 1% verringert wird, die Anzahl der benötigten Fahrzeuge um 1,75 % ansteigt. In der obigen Rechnung ist zu erkennen, dass schon bei einer Verringerung um 1000 Kapazitäten je Fahrzeug, vier weitere benötigt werden.

Je niedriger die Kapazität pro Fahrzeug ist, desto eher kann es sich an die Höhe der tatsächlichen Nachfrage orientieren und teure Überkapazitäten vermeiden. Gilt $C = 13600$ sind im Falle Westenfelds 13032 Überkapazitäten vorhanden, während bei $C = 4600$ nur 4432 existieren.

Es lässt sich festhalten, dass das MCMCLP-NFC Modell durch den Verzicht auf binär Variabeln und die damit verbundene Rechenersparnis eine gute Alternative zu den bekannten MCLP-Modellen darstellt. Besonders bei einer größeren Datenmenge sollte sich das bemerkbar machen. Durch eine Relaxation wird dem Modell zwar die Beschränkung bzgl. der Anzahl der vorhanden Fahrzeuge genommen. Dadurch, dass jedoch mit der Kapazität der vorhandenen Fahrzeuge gerechnet wird, wird implizit der Bereich festgelegt, indem die Anzahl der Fahrzeuge schwanken soll. An dem oben gezeigten Beispiel, wurde dargestellt, wie intensiv einzelne Umweltzustände das Modell beeinflussen können. Die Bevölkerungszahl und damit die Nachfrage wurde nur sensibel verändert, da es in der Realität selten zu extremen Nachfrageeinbrüchen oder –steigungen innerhalb kürzester Zeit kommt, besonders in politisch stabilen Industriestaaten wie Deutschland. Ein wesentlich größerer Einfluss hat der Parameter der Kapazität, da dieser im multiplikativen Zusammenhang mit der Anzahl der vorhandenen bzw. benötigten Fahrzeuge steht. Ferner ist an der Restriktion (2) zu erkennen, dass Nachfrage-und Kapazitätenhöhe im direkten Zusammenhang stehen und die Gesamtkapazität einer Rettungswache sich der Nachfrage anpassen muss. Das obige Beispiel hat deutlich gemacht, dass bei einer hohen Kapazität weniger Fahrzeuge benötigt werden um das Ziel zu erreichen. Zudem spart der ET zwar auf der einen Seite durch die nur im geringen Maße auftretenden Umverteilungen bzw. Neukäufe zunächst Kapital, muss sich jedoch dann für hohe Versorgungsengpässe verantworten, falls ein Fahrzeug ausfällt. Auf der anderen Seite muss er/ sie mit hohen und teuren, da nicht genutzten, Überkapazitäten rechnen. Demnach sind Fahrzeuge, die nur ein kleines Gebiet abdecken, flexibler und der ET kann die auftretenden Überkapazitäten schneller wegrationalisieren, auch wenn die Nachfrage verhältnismäßg wenig sinkt.

4. Diskussion

Nun erfolgt eine kritische Würdigung des MCMCLP-NFC Modell hinsichtlich der erreichten Ergebnisse. Anschließend werden Verbesserungsvorschläge und Anregungen präsentiert.

4.1. Kritik

Das vorgestellte MCMCLP-NFC Modell berücksichtigt zwei wesentliche Faktoren: es ist kapazitiert und die Anzahl der Rettungswachen ist nicht beschränkt. Weiterhin ist die Zielfunktion hervor zu heben, da sie sicherstellt, dass auch Gebiete außerhalb der Hilfsfrist von Rettungswachen versorgt werden, indem sie den nächsten Wachen zugeteilt werden.[22] Doch durch die Formel zur Gewichtung verliert dieser Teil der Zielfunktion an Bedeutung, da die Gewichtung bei einer hohen Nachfrage bzw. Bevölkerungszahl sehr klein wird.[23] Durch den Verzicht auf Binärvariablen gewinnt das Modell an Rechenleistung. Ein weiterer Vorteil darin besteht, dass ein Nachfragegebiet innerhalb der Hilfsfrist durch den Einsatz von der stetigen Entscheidungsvariable y_{ij} partiell von mehreren Rettungswachen versorgt werden kann. Damit können Kapazitäten wesentlich besser ausgenutzt werden. Jedoch hat dieser Aspekt auch seine Nachteile. Im Kapitel 3.3.1. wurde gezeigt, was passiert, wenn das Modell so übernommen wird wie es Yin und Mu (2012) in ihrer Arbeit präsentiert haben. Durch die Restriktion (3), bekommt die Entscheidungsvariable y_{ij} einen Wert zwischen 0 und kleiner 1, sofern die Anzahl der Fahrzeuge nicht ausreicht, um die Nachfragepunkte von einem Standort zu 100% abzudecken. Wird eine simple Entfernungsmatrix genommen, um damit anschließend eine Nachbarschaftsliste zu erstellen, kann es vorkommen, dass die Nachfragen zwar befriedigt werden, wie es Tabelle 2 zeigt, die Zuteilung der Nachfragepunkte zu den Standorten jedoch ineffizient ist. Wie bereits erwähnt, wird das Gebiet mit einer Rettungswache zum Teil nicht von derselbigen abgedeckt. Die Autoren haben ihre Vorgehensweise geschildert, dennoch nicht ausreichend präsentiert, um nachzuvollziehen, wie sie dieses Problem beseitigt haben. Durch eine distanzoptimierte Matrix hat der Autor dieser Bachelorarbeit es geschafft, eine Priorisierung und eine Hierarchisierung anzustreben, indem festgelegt wurde, dass die Wachen sich nicht gegenseitig abdecken und ihre Kapazität vorerst für ihr Gebiet ausschöpfen. Dadurch wurden jedoch die Standorte determiniert, so dass dem Modell die

---

[22] Vgl. Pirkul/ Schilling (1991), 236.
[23] Vgl. Yin/ Mu (2012), S. 252.

Entscheidung genommen wurde, in anderen Gebieten Rettungswachen zu platzieren oder redunante Wachen zu schließen. Die Redundanz zeigt sich exemplarisch in der sechsten Wache: sie deckt lediglich das eigene Gebiet ab, was aber auch Wache 2 oder 5 übernehmen könnten, bekämen diese Standorte mehr Fahrzeuge. Das Problem dieser Wache besteht darin, dass es entweder Gebiete erreichen kann in denen schon Standorte exisitieren und diese unter den gesetzten Annahmen nicht abdecken darf oder an Gebiete liegt, die es nicht innerhalb der Hilfsfrist erreichen kann, wie zum Beispiel Altenbochum. Weiterhin kann eine zufriedenstellende Lösung nur durch den Verzicht auf die dritte Restriktion erreicht werden. Dadurch findet eine optimale und effiziente Zuteilung, der Nachfragegebiete zu den Wachen statt, da sie nun vollends von einer einzigen Wache in der Nähe abgedeckt werden und nicht nur anteilig. Bei einer anteiligen Abdeckung, verursacht durch die beschränkte Fahrzeuganzahl, werden Gebiete, deren Nachfrage nicht vollständig von der nächsten Wache abgedeckt werden kann, von Standorten versorgt, die zwar ausreichend freie Kapazitäten besitzen, sich jedoch weit außerhalb der Hilfsfrist befinden. Daher kann dieses Problem einer hinreichenden Priorisierung und Hierarchisierung der Nachfragegebiete nur durch einen komplexen Algorithmus gelöst werden, wobei nahe liegt, dass Yin und Mu (2012) einen solchen benutzt, jedoch nicht explizit vorgestellt haben. Zur Lösung des Problems würde sich der Algoritmus von Pirkul und Schilling (1991) anbieten, der in dem Zusammenhang speziell auf kapazitierte Modelle zugeschnitten ist.[24]

Droht ein Versorgungsengpass durch ein defektes Fahrzeug, tritt wieder die eben erwähnte ineffiziente Zuteilung auf. Folglich fehlt dem Modell zudem eine Backup-Coverage wie es Hogan und ReVelle (1986) in ihrem MCLP Modell berücksichtigt haben.[25]

Ferner wird auf jegliches Risiko verzichtet und nur ein Umweltzustand angenommen. Dies entspricht jedoch nicht annähernd der Realität. Besonders im Bereich des Rettungswesens, in dem die Standortwahl einer Wache und die Höhe der Ressourcen lebensrettende Entscheidungen sind, muss zur Verbesserung des Versorgungsgrades mit Unsicherheiten gerechnet und ein pessimistischer Betrachtungswinkel eingenommen werden. Genauer betrachtet wird auch durch die oben genannte Relaxation keine wirklich 100 prozentige Versorgung erreicht, wenn den Fahrzeugen wie im MEXCLP von Daskin (1983) eine Verfügbarkeitswahrscheinlchkeit unterstellt wird.[26] Die Autoren des Modells setzen zudem die Nachfrage gleich der Bevölkerungszahl und nehmen dies als vollständige Information

---

[24] Vgl. Pirkul/ Schilling (1991), S. 240.
[25] Vgl. Hogan/ ReVelle (1986), S. 1437.
[26] Vgl. Daskin (1983), S. 52.

an, da vom Zensus ausgegangen wird, also von vergangenheitsorientierten Daten, die damit deterministisch sind. Wird jedoch versucht die Nachfrage durch ein Prognosemodell vorher zu sagen, wie es im zweiten Kapitel beschrieben wurde, rechnet das Modell implizit mit Unsicherheit. Dennoch erzeugt das Modell nur ein Ergebnis, da es nicht in Szenarien rechnet. Explizite Unsicherheiten wie zum Beispiel die Schwankung der Fahrzeiten oder die Verfügbarkeit eines Fahrzeugs sind hier vernachlässigt worden.

Ein weiterer Kritikpunkt ist die Interpretation der Kapazität. In der Literatur zum Thema optimale Standortwahl im Rettungswesen wird häufig eine Binärvariabel x_j eingesetzt, die darüber entscheidet, ob eine Rettungswache am Standort j erbaut wird oder nicht. Das kapazitierte Modell von Pirkul und Schilling (1991) setzt eine solche Entscheidungvariable ein und teilt jeder Wache j eine fixe Kapazität zu. Das MCMCLP-NFC Modell interpretiert im Gegensatz dazu x_j als die Anzahl der Fahrzeuge, die am Standort j platziert werden. Es wird angenommen, dass eine Rettungswache am Standort j eröffnet wird, sobald ihr mindestens ein Fahrzeug zugeteilt bekommt. Die Rettungswachen in diesem Modell besitzen allerdings durch den multiplikatven Zusammenhang zwischen Kapazität und Fahrzeuganzahl verschieden hohe Kapazitätsstufen. Während es bei der Wahl einer fixen Kapazität durchaus zu hohen Überkapazitäten kommen kann, wenn die Nachfrage zurückgeht, passt sich die Gesamtkapazität einer Wache im MCMCLP-NFC Modell durch die Anzahl der Fahrzeuge der Höhe der zugeteilten Nachfrage an, reduziert die entstandene Überkapazität und die damit einhergehenden Kosten. Bei einem zu erwartenden Nachfrageanstieg ist auch in diesem Fall dieses Modell im Vorteil, da es durch Umverteilung der vorhandenen Fahrzeuge oder durch Neukäufe die Kapazität eines Standortes erhöhen kann und nicht zwingend eine neue Rettungswache eröffnet, wie es im Modell von Pirkul und Schilling (1991) zu erwarten ist. Zwar wird im MCMCLP-NCF Modell die Anzahl der Fahrzeuge begrenzt, jedoch wird auch in Kauf genommen, dass unter bestimmten Bedingungen ein Standort j $1 \ldots P$ Fahrzeuge halten kann und somit der Standort relativ groß wird.

Allerdings ist die hier angenommene Kapazität speziell auf die Eigenschaften eines Einsatzwagens ausgerichtet. Während ein Rettungswagen und gleichzeitig dessen Kapazität sich u.a. nach den durchschnittlichen Einsätzen pro Tag richtet (siehe Seite 16), wird die Kapazität der medizinischen Einrichtung, und dessen Eigenschaften, ignoriert bzw. angenommen, dass sie der Gesamtkapazität der vor Ort stationierten Fahrzeuge entspricht. Handelt es sich bei dem betrachteten Standort auch um eine medizinische Einrichtung, wie es im Beispiel u.a. beim Standort 2 und 9 der Fall ist, bekommt die Kapazität eine andere Bedeutung zugesprochen. In diesem Fall entstehen zwei Arten von Kapazitäten, denn zum einen muss die Anzahl der Fahrzeuge ausreichen, um die Nachfrage abzudecken, und zum anderen muss die medizinische Einrichtung hinsichtlich ihrer Ausstattung der Nachfrage entsprechend angepasst werden. Demnach ist ferner die Aufnahme eines Patienten in einem Krankenhaus und die Versorgung eines Nachfragers mit einem Rettungswagen zu unterscheiden.

Yin und Mu merken an, dass dieses Modell nicht dynamischer Natur ist und sie es sich zur Aufgabe gemacht haben, dieses Problem in weiteren Werken zu beheben.[27] Das Problem der Dynamik in diesem Modell ist u.a. die Berechnung der Kapazität. Die Nachfrage zum Zeitpunkt $t=0$ wird durch die Anzahl der verfügbaren Fahrzeugen geteilt und das Ergebnis ist die Höhe der Kapazität. Dieses Ergebnis wird in den Folgeperioden unverändert gelassen und wirkt dadurch nicht nur statisch, sondern basiert auch auf keiner rationalen Berechnungsgrundlage. Würde die Kapazität jede Periode neu berechnet werden, entstünde bei einer abnehmenden Nachfrage der Effekt, dass die Kapazität stetig kleiner werden würde wohingegen die Anzahl der benötigten Fahrzeuge, um eine vollkommene Abdeckung zu gewährleisten, anstiege. Daher sollte die Kapazität durch eine Ableitung vergangener Einsätze geschätzt werden.[28] Um die Konsistenz zu wahren, sollte ferner die Nachfrage mit einer Nachfrage- oder Einsatzprognose geschätzt werden, wie es zum Beispiel Siler (1975) oder Cadigan und Bugarin (1989) getan haben.

4.2. Verbesserungsvorschläge

Zunächst soll ein Verfahren vorgestellt werden, dass die abzudeckende Nachfrage anders interpretiert. Schilling, ReVelle, Cohon und Elzinga (1980) haben sich in ihrer Arbeit über die Standortwahl von Feuerwehrwachen dazu entschieden, dieses Problem mithilfe des MCLP-Modells von Church und ReVelle (1974) anzugehen. Sie haben die Zielfunktion des Modells erweitert, indem sie sie zweidimensional gestalten. Diese Art des Multiobjective Facility Location Problems (MOFLO) wird wie, oben angesprochen, im Rettungswesen häufig für Mehrfachabdeckungen, auch Backup-Coverage genannt, gebraucht.[29] In ihrer Arbeit haben Schilling et al. (1980) jedoch nichts dergleichen beabsichtigt, sondern konzentrieren sich in der Zielfunktion auf den Parameter A_i, der für gewöhnlich die Nachfrage am Punkt i darstellt und unterteilen den Parameter A_i in A_{i1} für die erste Zielfunktion und A_{i2} für die Zweite. A_{i1} wird gleichgesetzt mit dem erwarteten Bevölkerungsrisiko, dass sich

[27] Vgl. Yin/ Mu (2012), S. 254.
[28] Vgl. Goldberg et al. (1990), S. 314.
[29] Vgl. Brotcorne/ Laporte/ Semet (2003), S. 455.

aus einer Feuerrate multipliziert mit der Bevölkerungszahl ergibt. A_{i2} hingegen bestimmt sich aus dem Wert der Grundstücke/ Gebäude in Punkt i multipliziert mit der Feuerrate, also das Risiko, dass Grundstücke/ Gebäude bestimmten Wertes in Flammen aufgehen. Damit wird sichergestellt, dass nicht nur zum einen die Bevölkerung geschützt wird, sondern auch wertvolle, eventuell auch leicht entflammbare Gebäude und Grundstücke. Würde nur die erste Zielfunktion berücksichtigt werden, würde die Innenstadt mit ihren Gebäudekomplexen hiesiger Firmen mit hohem Wert, aber relativ niedriger Bevölkerungszahl, vernachlässigt werden, während hingegen bevölkerungsreiche Wohnviertel mit vergleichsweise niedrigen Grundstücks und Gebäudewert ausreichend versorgt wären. Auch in diesem Fall kann eine Gewichtung W das Verhältnis zwischen den beiden Teilen der Zielfunktion bestimmt werden und es so hierarchisieren und priorisieren, um das Ergebnis gemäß den Erwartungen des Entscheidungsträgers anzupassen.[30] Entscheidet sich der ET sich nicht für eine Nachfrageprognose, ist diese Vorgehensweise eine Alternative, die Nachfrage explizit abzubilden.

Nun wird ein Verfahren erläutert, dass zur Kostenminimierung beitragen soll, indem ineffiziente Wachen umverteilt werden. Schilling et al. (1980) haben den Trend beobachtet, dass eine Umverteilung der Nachfrage die ETs eher dazu bewegt schon bereits existierende Wachen umzusiedeln, anstatt Weitere zu bauen. Sie definieren die neuen Restriktionen wie folgt:

Indizes:

$j \in J_0$ = $1,...,J$ schon existierende Rettungswachen

$j \in J_n$ = $1,...,I$ neue potenzielle Standorte für Rettungswachen

Variable:

x_j $\sim$ $\begin{cases} 1, \text{falls Wache am Standort } j \text{ eröffnet wird} \\ 0, \text{sonst} \end{cases}$

Parameter:

P $\sim$ Gesamtzahl der Rettungswachen

K $\sim$ Anzahl neuer Rettungswachen

$$\sum_{j \in J0} x_j + \sum_{j \in Jn} x_j = P \tag{8}$$

$$\sum_{j \in Jn} x_j \leq K \tag{9}$$

---

[30] Vgl. Schilling/ Revelle/ Cohon/ Elzinga (1980), S. 2ff.

Restriktion (8) sorgt dafür, dass die Gesamtzahl an Rettungswachen P nicht übersteigt, während (9) mit K die Anzahl der umzusiedelnden Rettungswachen determiniert. Durch die Erstellung einer neuen Nachbarschaftsliste J_n werden die neuen Standorte gekennzeichnet. K alte Stationen schließen und werden neuen Standorten zugewiesen. Damit bleibt durch die Umverteilung der Rettungswachen deren Gesamtzahl gleich, während sich die Versorgung der Bevölkerung verbessert wird und gleichzeitig Kosten durch die Schließung redundanter und ineffizienter Wachen eingespart werden.[31] Diese Restriktionen lassen sich so auch für das MCMCLP-NFC Modell übernehmen, wird der Kontext wieder auf die Fahrzeuganzahl verlegt.

Wie oben angesprochen ist oft unklar, ob eine Rettungswache am Standort j zusätzlich eine medizinische Einrichtung oder nur für den Transport zum Krankenhaus bzw. die Erstversorgung am Einsatzort zuständig ist. In der Hinsicht wird die Funktionalität einer Rettungswache nicht weiter differenziert. In der obigen Ausführung ist zum Beispiel die Rettungswache 4, nicht gleichzeitig ein Krankenhaus. Das bedeutet wiederrum, dass die Hilfsfrist und die Entfernungsmatrix differenziert werden muss. Handelt es sich bei einer Rettungswache nicht gleichzeitig um ein Krankenhaus, so sind Hin-und Rückweg nicht identisch. Zwar wird der Hinweg optimiert, in dem eine Hilfsfrist das Einsatzgebiet festlegt. Der Rückweg jedoch muss das nächste Krankenhaus bedeuten, für den Fall, dass jemand schwer verletzt ist. Somit muss es eine Matrix geben, die zum einen annimmt, dass Hin-und Rückweg gleich sind, wenn es sich sowohl um eine Rettungswache als auch ein Krankenhaus handelt und daher nur Nachfragepunkte aufnimmt die innerhalb einer Hilfsfrist S liegen. Zum anderen muss die Matrix für den Fall, dass es sich bei einer Rettungswache nicht um ein Krankenhaus handelt, eine Hilfsfrist T einhalten, die für die Distanz oder Zeit steht, die ein Fahrzeug brauchen darf, um von Nachfragepunkt i, also vom Einsatzort, zum Krankenhaus zu gelangen.[32]

---

[31] Vgl. ebenda, S. 5.
[32] Vgl. Saydam/ McKnew (1985), S.395f.

5. Fazit und Ausblick

Diese Bachelorarbeit sollte Aufschluss darüber geben, wie optimale Standorte von Rettungswachen auf strukturelle Nachfrageschwankungen reagieren und welche Instrumente es gibt, damit der ET in seiner Entscheidung begünstigt wird. Benötigt der ET Entscheidungsunterstützung, sind zahlreiche mathematische Modelle vorhanden, die ihm bei der Entscheidungsfindung helfen können. Es mündet darin, dass das Ergebnis von der Zielvorstellung und den Annahmen des ETs abhängt. Da Nachfrageschwankungen im Fokus standen, wurde das Repertoire an quantitativen Modellen auf MCLP Modelle reduziert, da diese eine Maximierung der abzudeckenden Nachfrage in der Zielfunktion anstreben und so den Zielvorstellungen des ETs am nächsten kommen. Das MCMCLP-NCF Modell bekam aufgrund seiner Aktualität besondere Aufmerksamkeit zugesprochen. Das vereinte Wissen über MCLP Modelle von namhaften Autoren wie ReVelle oder Schilling war deutlich sichtbar zu verzeichnen, war es denn zum einen kapazitiert und zum anderen strebte in der Zielfunktion unter anderem auch an die Nachfragegebiete von Rettungswachen zu versorgen, die das Kriterium der Hilfsfrist nicht erfüllten. Die Autoren Yin und Mu (2012) haben ihre Version eines CMCLP Modells u.a. dahin gehend erweitert, dass sie die Zuteilung von kapazitierten Fahrzeugen zu einzelnen Standorten und deren Zuständigkeit für das partielle Abdecken eines Gebietes als Handlungsalternative gesetzt haben. Dadurch konnten sie die Entscheidungsvariablen ganzzahlig bzw. stetig setzen und entgegneten, unter anderem zu Gunsten der Rechenleistung, so dem gebräuchlichen Einsatz von Binärvariablen. Doch bevor das Modell zum Einsatz kam wurde, die Nachfrage näher ins Licht gerückt. Im zweiten Kapitel wurde dargelegt wie Nachfrage nach medizinischer Versorgung entsteht und vor allem wie Nachfrage adäquat vorhergesagt werden kann. Die vorgestellten Autoren bedienen sich der linearen (multiplen) Regressionsanalyse, um mithilfe von verschiedenen signifikanten Variablen, die die Nachfrage beeinflussen können, eine realistische Nachfrageprognose zu erstellen. Allerdings würde eine eigenständige Ausarbeitung einer Nachfrageprognose für das Beispiel Bochum den Rahmen einer Bachelorarbeit sprengen. Daher hat sich der Autor der Arbeit bei der Anwendung des MCMCLP-NFC Modells für die vereinfachte Annahme von Yin und Mu (2012) entschieden, jedes Individuum in der Bevölkerung als potenziellen Nachfrager anzusehen. Am Beispiel Bochum wurde demonstriert, wie sensitiv das Modell auf Umwelteinflüsse, insbesondere auf Nachfrageschwankungen, reagiert. Dabei kam zu Tage, dass die gewählte Kapazität der Fahrzeuge unmittelbar das Ergebnis bestimmt, da die

Gesamtkapazität an einer Rettungswache die zugeteilte Nachfrage abdecken muss. Die Abhängigkeit der Sensitivität des Modells von der gewählten Kapazität wurde an zwei Szenarien verdeutlicht.

Das Fehlen eines Algorithmus zur Zuordnung der Nachfragepunkte zu den potenziellen Standorten durch Priorisierung und Hierarchisierung hat den Autor dieser Arbeit gezwungen, einen etwas unkonventionelleren Weg zu gehen und mit einer distanzoptimierten Matrix zu arbeiten, mit der jedoch nur dann zufriedenstellende Ergebnisse erreicht werden können, wenn die Fahrzeuganzahl nicht bedingt ist. Nicht zuletzt trägt der Verzicht auf Binärvariablen zu der Maßnahme bei, die dritte Restriktion zu streichen.

Zwar ist das MCMCLP-NFC Modell sehr aktuell, dennoch berücksichtigt es nicht Faktoren wie Backup-Coverage oder Unsicherheiten. Arbeitet der ET mit einem Nachfrageprognosemodell, ist eine Unterteilung in verschiedenen Szenarien sinnvoll, da es sich nämlich hierbei um eine unsichere Voraussage handelt und nicht um eine deterministische Information.

War früher die Rechenleistung der Computer zur Berechnung von komplexen Modellen nicht ausreichend und damit ein gravierendes Problem, sind Wissenschaftler nun mit der heutigen Technik im Stande diese Modelle mit großen Datenmengen zu lösen. Daher ist davon auszugehen, dass in naher Zukunft die Komplexität der Modelle zur Standortplanung von Rettungswachen zunehmend wird, um ein adäquates und realistisches Abbild des Problems darzustellen. Damit werden solche Modelle immer häufiger in der Praxis Aufmerksamkeit und Anwendung finden.

Literaturverzeichnis

Aldrich, Carole A.; Hisserich, John C.; Lave, Lester B. (1971): An analysis of the demand for emergency ambulance service in an urban area, in: American Journal of Public Health, Vol. 61, No. 6, 1971, S. 1156–1169.

Ball, M., & Lin, L. (1993): A Reliability Model Applied to Emergency Service Vehicle Location, in: Operation Research, Vol. 41, No. 1, 1993, S. 18-36.

Bianchi, Geoffrey; Chruch, Richard L. (1988): A hybrid fleet model for emergency medical service system design, in: Social Science and Medicine, Vol. 26, No.1, 1988, S. 163-171.

Brotcorne, Luce; Laporte, Gilbert; Semet, Frédéric (2003): Ambulance location and relocation models, in: European Journal of Operational Research, Vol. 147, No. 3, 2003, S. 451–463.

Cadigan, Robert T.; Bugarin, Carol E. (1989): Predicting demand for emergency ambulance service, in: Annuals of Emergency Medicine, Vol. 18, No. 6, 1989, S. 618–621.

Chrissis, James W. (1980): Locating emergency service facilities in a developing area, in: Fire Technology, Vol. 16, No.1, 1980, S. 63-69.

Church, Richard; ReVelle, Charles (1974): The maximal covering location problem, in: Papers of Regional Science Association ,S. Vol. 32,No.1, 1974, S. 101-118.

Daskin, Mark (1983): A maximum expected location model: Formulation, properties and heuristic solution, in: Transportation Science, Vol. 17, No.1, 1983, S. 48–70.

Goldberg, Jeffrey et al. (1990): Validating and applying a model for locating emergency medical vehicles in Tuscon, AZ, in: European Journal of Operational Research, Vol.49, No. 3, 1990, S.308-324.

Gunawardane, Gamini (1982): Dynamic versions of set covering type public facility loaction problems, in: European Journal of Operational Research, Vol. 10, No. 2, 1982, S. 190–195.

Hogan, Kathleen; ReVelle, Charles (1986): Concepts and applications of backup coverage, in: Management Science, Vol. 32, No. 11, 1986, S. 1434-1444.

Koch, Bernhard; Kuschinsky, Beate (1999): Handbuch des Rettungswesens. Witten: Mendel Verlag GmbH & Co. KG.

Pirkul, Hasan; Schilling, David A. (1989): The capacitated maximal covering location problem with backup service, in: Annuals of Operation Research, Vol.18, No.1, 1989, S.141-154.

Pirkul, Hasan; Schilling, David A. (1991): The maximal covering location problem with capacities on total workload, in: Management Science, Vol. 37, No. 2, 1991, S.233-248.

ReVelle, Charles (1989): Review, extension and prediction in emergency service siting models, in: European Journal of Operational Research, Vol. 40, No. 1, 1989, S. 58–69.

Saydam, Cem; McKnew, Mark (1985): A separable programming approach to expected coverage: an application to ambulance location. Decision Sciences, Vol. 16, No. 4, 1985, S. 381-98.

Schilling, David A. et al. (1980): Some models for fire protection locational decisions, in: European Journal of Operational Research, Vol. 5, No. 1, 1980, S. 1-7.

Siler, F. Kenneth (1975): Predicting demand for publicly dispatched ambulance in a metropolitan area. in: Health Service Research, Vol. 10, No. 3, 1975, S. 254–263.

Toregas, Constantine et al. (1971): The location of emergency service facilities, in: Operations Research, Vol. 19, 1971, S. 1363-1373.

Yin, Ping; Mu, Lan (2012): Modular capacitated maximal covering location problem for the optimal siting of emergency vehicles, in: Applied Geography, S. Vol 34, No. 1, 2012, S. 247–254.

Anhang

Abbildungen

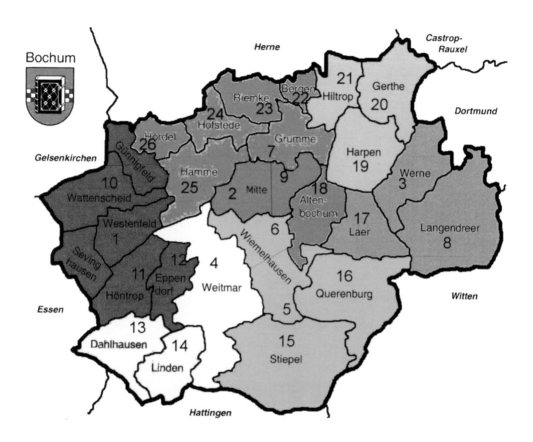

Abb. 2: Die 26 Stadtgebiete Bochums
(Quelle: http://de.wikipedia.org/w/index.php?title=Datei:Bochum_-_Stadtbezirke-
polished.png&filetimestamp=20100613160211 ;abgerufen am: 30.04.2012)

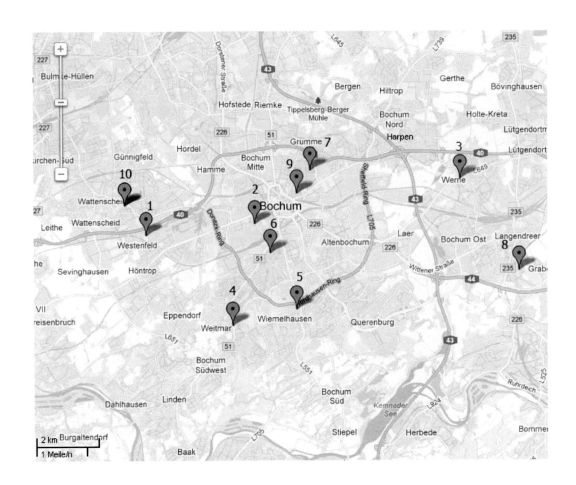

Abb. 3: Exakte Standorte der Rettungswachen von Bochum

Quelle: Erstellt mit Google Maps

Xpressive Modelle

```
model "MCMCLP-NFC"
uses "mmxprs";
declarations

 J = 1..26  ! Anzahl der potenziellen Standorte j für Rettungswachen
 I = 1..26  ! Anzahl der Nachfragepunkte i
 C = 13600  ! Kapazität eines Rettungswagens

Y :  array(I,J) of mpvar
X :  array(J) of mpvar          ! Entscheidungsvariable: Anzahl der
                                  Rettungsfahrzeuge, die Standort j
                                  zugewiesen werden
A :  array (I) of integer       ! Ganzzahliger Parameter: der Umfang an
                                  Nachfrage am Punkt i
Z :  array(J) of integer        ! Determiniert die schon bereits
                                  existierenden zehn Rettungswachen in
                                  Bochum
D :  array(I,J) of real         ! zeitliche Distanz zwischen
                                  Nachfragepunkt i und Standort j

N : array(I)   of set of integer  ! Potenzielle Standorte j, denen
                                    Fahrzeuge zugwiesen werden können,
                                    um i innerhalb der Hilfsfrist
                                    abzudecken
end-declarations
```

```
Z :: [1,1,1,1,1,1,1,1,1,1,0,0,0,0,0,0,0,0,0,0,0,0,0,0,0,0]
```

! 1x26 Matrix, der schon existierenden Rettungswachen in Bochum

```
A ::
[10567,20084,14815,27728,9063,9062,12678,32148,20083,28617,17201,9693
,13051,14257,11304,20212,6092,11993,16459,9176,8661,2000,7518,9800,14
985,8807]
```

! 1x26 Matrix des jeweiligen Bedarfs am Punkt i

```
initializations from "mmodbc.excel:matrix.xlsm"
     D as "noindex;range"
end-initializations
```

! Entfernungsmatrix wird ausgelesen

```
forall (j in J) X(j) is_integer
```

! logischer Operator: X(j) muss ganzzahlig sein

```
forall (j in J) sum(i in I)A(i)*Y(i,j) <=C*X(j)*Z(j)
```

```
! die Nachfrage am Punkt i darf die Gesamtkapazität, der dem Standort
j zugewiesenen Fahrzeuge, nicht übersteigen

forall(i in I) sum(j in J) Y(i,j) = 1

!jeder Bedarfspunkt i muss von einem Standort j abgedeckt werden

Zielfunktion := sum (i in I)sum (j in J) D(i,j)*Y(i,j)

minimize(Zielfunktion)

! Zielfunktion minimiert die Strecke

writeln ("Strecke: ", getobjval)

! Ausgabe des Zielfunktionswertes

forall (i in I, j in J) writeln ("Y= ", getsol(Y(i,j)))

! Ausgabe der Ergebnisse für Y_{ij}
forall (j in J) writeln ("X= ", getsol(X(j)))

! Ausgabe der Ergebnisse für X_j
end-model
```

Abb. 4: Minimierung der Strecke mit dem MCMCLP-NFC Modell

```
model "MCMCLP-NFC"
uses "mmxprs";

parameters

  P = 27          ! Anzahl der vorhandenen Rettungswagen
  S = 8           ! maximale Hilfsfrist
end-parameters

declarations

  J = 1..26  ! Anzahl der potenziellen Standorte j für Rettungswachen
  I = 1..26  ! Anzahl der Nachfragepunkte i
  C = 13600  ! Kapazität eines Rettungswagens

Y :   array(I,J) of mpvar
X :   array(J) of mpvar       ! Entscheidungsvariable: Anzahl der
                              ! Rettungsfahrzeuge, die Standort j
                              ! zugewiesen werden
A :   array (I) of integer    ! Ganzzahliger Parameter: der Umfang an
                              ! Nachfrage am Punkt i

Z :   array(J) of integer     ! Determiniert die schon bereits
                              ! existierenden zehn Rettungswachen in
                              ! Bochum
```

```
D :   array(I,J) of real        ! zeitliche Distanz zwischen
                                   Nachfragepunkt i und Standort j

N : array(I)    of set of integer  ! Potenzielle Standorte j, denen
                                     Fahrzeuge zugwiesen werden können,
                                     um i innerhalb der Hilfsfrist
                                     abzudecken

end-declarations


Z :: [1,1,1,1,1,1,1,1,1,1,0,0,0,0,0,0,0,0,0,0,0,0,0,0,0,0]

! 1x26 Matrix, der schon existierenden Rettungswachen in Bochum

A ::
[10567,20084,14815,27728,9063,9062,12678,32148,20083,28617,17201,9693
,13051,14257,11304,20212,6092,11993,16459,9176,8661,2000,7518,9800,14
985,8807]

! 1x26 Matrix des jeweiligen Bedarfs am Punkt i



initializations from "mmodbc.excel:matrix.xlsm"
!matrix.xlsm =Entfernungsmatrix; minstrecken.xlsx = distanzoptimierte
!Matrix

D as "noindex;range"
end-initializations

!Bestimmen der Nachbarschaften
forall(j in J) do
     forall(i in I) do
          if( (D(i,j)) <= S ) then
               N(j) := N(j)+{i}
          end-if
     end-do
end-do

forall (j in J) X(j) is_integer

! logischer Operator: X(j)
muss ganzzahlig sein


forall (j in J) sum(i in I)A(i)*Y(i,j) <=C*X(j)*Z(j)

! die Nachfrage am Punkt i darf die Gesamtkapazität, der dem Standort
j zugewiesenen Fahrzeuge, nicht übersteigen


sum(j in J) X(j) =  P

! determiniert die Anzahl der zuverteilenden Fahrzeuge


forall(i in I) sum(j in J) Y(i,j) = 1
```

```
! jeder Bedarfspunkt i muss von einem Standort j abgedeckt werden

Zielfunktion := sum (i in I)sum (j in N(i)) A(i)*Y(i,j)!-W*sum (i in
I)sum (j in J) M(j,i)*A(i)*Y(i,j)

! Zielfunktion maximiert den abzudeckenden Bedarf


maximize(Zielfunktion)

! Optimierung des Zielfunktionswertes

writeln ("Bevölkerung abgedeckt: ", getobjval)

! Ausgabe des Zielfunktionswertes

forall (i in I, j in J) writeln ("Y= ", getsol(Y(i,j)))

! Ausgabe der Ergebnisse für Yij

forall (j in J) writeln ("X= ", getsol(X(j)))

! Ausgabe der Ergebnisse für Xj

end-model
```

Abb. 5: Maximierung der abzudeckenden Nachfrage mit dem MCMCLP-NFC Modell

Matrizen

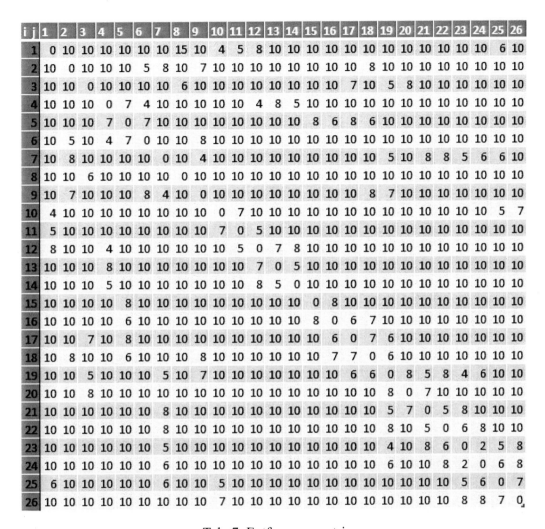

i\j	1	2	3	4	5	6	7	8	9	10	11	12	13	14	15	16	17	18	19	20	21	22	23	24	25	26
1	0	10	10	10	10	10	10	15	10	4	5	8	10	10	10	10	10	10	10	10	10	10	10	10	6	10
2	10	0	10	10	10	5	8	10	7	10	10	10	10	10	10	10	10	8	10	10	10	10	10	10	10	10
3	10	10	0	10	10	10	10	6	10	10	10	10	10	10	10	10	7	10	5	8	10	10	10	10	10	10
4	10	10	10	0	7	4	10	10	10	10	10	4	8	5	10	10	10	10	10	10	10	10	10	10	10	10
5	10	10	10	7	0	7	10	10	10	10	10	10	10	10	8	6	8	6	10	10	10	10	10	10	10	10
6	10	5	10	4	7	0	10	10	8	10	10	10	10	10	10	10	10	10	10	10	10	10	10	10	10	10
7	10	8	10	10	10	10	0	10	4	10	10	10	10	10	10	10	10	10	5	10	8	8	5	6	6	10
8	10	10	6	10	10	10	10	0	10	10	10	10	10	10	10	10	10	10	10	10	10	10	10	10	10	10
9	10	7	10	10	10	8	4	10	0	10	10	10	10	10	10	10	10	10	8	7	10	10	10	10	10	10
10	4	10	10	10	10	10	10	10	10	0	7	10	10	10	10	10	10	10	10	10	10	10	10	10	5	7
11	5	10	10	10	10	10	10	10	10	7	0	5	10	10	10	10	10	10	10	10	10	10	10	10	10	10
12	8	10	10	4	10	10	10	10	10	10	5	0	7	8	10	10	10	10	10	10	10	10	10	10	10	10
13	10	10	10	8	10	10	10	10	10	10	10	7	0	5	10	10	10	10	10	10	10	10	10	10	10	10
14	10	10	10	5	10	10	10	10	10	10	10	8	5	0	10	10	10	10	10	10	10	10	10	10	10	10
15	10	10	10	10	8	10	10	10	10	10	10	10	10	10	0	8	10	10	10	10	10	10	10	10	10	10
16	10	10	10	10	6	10	10	10	10	10	10	10	10	10	8	0	6	7	10	10	10	10	10	10	10	10
17	10	10	7	10	8	10	10	10	10	10	10	10	10	10	10	6	0	7	6	10	10	10	10	10	10	10
18	10	8	10	10	6	10	10	10	8	10	10	10	10	10	10	7	7	0	6	10	10	10	10	10	10	10
19	10	10	5	10	10	10	5	10	7	10	10	10	10	10	10	10	6	6	0	8	5	8	4	6	10	10
20	10	10	8	10	10	10	10	10	10	10	10	10	10	10	10	10	10	10	8	0	7	10	10	10	10	10
21	10	10	10	10	10	10	8	10	10	10	10	10	10	10	10	10	10	10	5	7	0	5	8	10	10	10
22	10	10	10	10	10	10	8	10	10	10	10	10	10	10	10	10	10	10	8	10	5	0	6	8	10	10
23	10	10	10	10	10	10	5	10	10	10	10	10	10	10	10	10	10	10	4	10	8	6	0	2	5	8
24	10	10	10	10	10	10	6	10	10	10	10	10	10	10	10	10	10	10	6	10	10	8	2	0	6	8
25	6	10	10	10	10	10	6	10	10	5	10	10	10	10	10	10	10	10	10	10	10	5	6	0	7
26	10	10	10	10	10	10	10	10	10	7	10	10	10	10	10	10	10	10	10	10	10	10	8	8	7	0

Tab. 7: Entfernungsmatrix

i j	1	2	3	4	5	6	7	8	9	10	11	12	13	14	15	16	17	18	19	20	21	22	23	24	25	26
1	1	9	9	9	9	9	9	9	9	9	9	9	1	9	9	9	9	9	9	9	9	9	9	9	9	9
2	9	1	9	9	9	9	9	9	9	9	9	9	9	9	9	9	9	9	9	9	9	9	9	9	9	9
3	9	9	1	9	9	9	9	9	9	9	9	9	9	9	9	9	9	1	9	1	1	9	9	9	9	9
4	9	9	9	1	9	9	9	9	9	9	9	9	9	1	1	1	9	9	9	9	9	9	9	9	9	9
5	9	9	9	9	1	9	9	9	9	9	9	9	9	9	9	1	1	9	1	9	9	9	9	9	9	9
6	9	9	9	9	9	1	9	9	9	9	9	9	9	9	9	9	9	9	9	9	9	9	9	9	9	9
7	9	9	9	9	9	9	1	9	9	9	9	9	9	9	9	9	9	9	9	9	9	1	1	1	1	9
8	9	9	9	9	9	9	9	1	9	9	9	9	9	9	9	9	9	9	9	9	9	9	9	9	9	9
9	9	9	9	9	9	9	9	9	1	9	9	9	9	9	9	9	9	9	9	9	9	9	9	9	9	9
10	9	9	9	9	9	9	9	9	9	1	9	9	9	9	9	9	9	9	9	9	9	9	9	9	1	1
11	1	9	9	9	9	9	9	9	9	9	9	9	9	9	9	9	9	9	9	9	9	9	9	9	9	9
12	9	9	9	1	9	9	9	9	9	9	9	9	9	9	9	9	9	9	9	9	9	9	9	9	9	9
13	9	9	9	1	9	9	9	9	9	9	9	9	9	9	9	9	9	9	9	9	9	9	9	9	9	9
14	9	9	9	1	9	9	9	9	9	9	9	9	9	9	9	9	9	9	9	9	9	9	9	9	9	9
15	9	9	9	9	1	9	9	9	9	9	9	9	9	9	9	9	9	9	9	9	9	9	9	9	9	9
16	9	9	9	9	1	9	9	9	9	9	9	9	9	9	9	9	9	9	9	9	9	9	9	9	9	9
17	9	9	1	9	9	9	9	9	9	9	9	9	9	9	9	9	9	9	9	9	9	9	9	9	9	9
18	9	9	9	9	1	9	9	9	9	9	9	9	9	9	9	9	9	9	9	9	9	9	9	9	9	9
19	9	9	1	9	9	9	9	9	9	9	9	9	9	9	9	9	9	9	9	9	9	9	9	9	9	9
20	9	9	1	9	9	9	9	9	9	9	9	9	9	9	9	9	9	9	9	9	9	9	9	9	9	9
21	9	9	9	9	9	9	1	9	9	9	9	9	9	9	9	9	9	9	9	9	9	9	9	9	9	9
22	9	9	9	9	9	9	9	1	9	9	9	9	9	9	9	9	9	9	9	9	9	9	9	9	9	9
23	9	9	9	9	9	9	9	1	9	9	9	9	9	9	9	9	9	9	9	9	9	9	9	9	9	9
24	9	9	9	9	9	9	9	1	9	9	9	9	9	9	9	9	9	9	9	9	9	9	9	9	9	9
25	9	9	9	9	9	9	9	9	9	9	1	9	9	9	9	9	9	9	9	9	9	9	9	9	9	9
26	9	9	9	9	9	9	9	9	9	9	1	9	9	9	9	9	9	9	9	9	9	9	9	9	9	9

Tab. 8: Distanzoptimierte Matrix